内閣法制局は「憲法の番人」か？

水野均 [著]
Mizuno Hitoshi

日米安保解釈を検証する

並木書房

まえがき

　2010年代前後から、日米両国間の安全保障協力（日米安保協力）は拡大・強化の一途を辿っている。自衛隊が、日米安保条約及びその他の安全保障関連諸法規を根拠として、自国の防衛のみならず米国さらには他国の軍隊と共に日本の近隣地域さらには全世界の安全を守るための体制を整備するなど、今から70年ほど前に米国との戦争に敗れた時期からは想像もつかなかったことであろう。

　その一方で、こうした日米安保協力の進展に対し、賛否いずれの側も、少なからず戸惑いの念を抱いているのではなかろうか。日本には安全保障関連諸法規がある一方で、憲法第9条が「戦争と戦力の放棄」、すなわち文言どおりに読むと「日本は戦争をせず、軍隊のようなものを持たない」と規定しているからである。

　このような憲法第9条と安全保障関連諸法規との併存に問題はないのか——この疑問に答えるため、日本政府の掲げる憲法・法律等の解釈を担当する組織が、内閣法制局（及びその前身である法制局等）である。そして、こうした解釈の担当者（法制官僚）は、安全保障関連諸法規に対して、如何なる立場から解釈に臨んだのか。そして、その解釈は、日米安保協力にどのような影響を及ぼしているのであろうか。

　こうした疑問に答えを見出すため、内閣法制局長官等の法制官僚が日米安保協力に関して残した国会での発言や政府の見解等に基づいて検討して

みたい。

　第1章では憲法第9条の制定（1946年）から旧安保条約の締結（1951年）を経て自衛隊の発足（1954年）、第2章では改定安保条約の締結（1960年）、第3章ではベトナム戦争（1964–75年を対象とする）及び沖縄返還協定の締結（1971年）、第4章では1970年代後半から1980年代における日米防衛協力の進展、第5章では冷戦の終結（1989年）からイラク特措法の成立（2003年）、第6章では二度の政権交代（2009年、2012年）を経て集団的自衛権の行使容認（2014年）及び法制官僚が日米安保協力に臨んだ姿勢を考察する。さらに追補として、安倍内閣による安全保障関連法の成立（2015年）をめぐる法制官僚の対応に触れたい。

　なお、文中での引用やコメントは、法制官僚を含めて、特定の個人・団体への誹謗・中傷を意図していない。新たな安全保障政策の枠組み作りへと一進一退の歩みを続ける日本—その一助となれば幸いである。

目　次

まえがき　1

第1章　「軍隊」でない「軍隊」　5
——旧安保条約と再軍備政策

　1、憲法第9条の成立をめぐる日米関係　5
　2、旧安保条約の成立と再軍備政策の開始　11
　3、再軍備政策の進展　22

第2章　「対等」でない「対等」　31
——改定安保条約と自主防衛政策

　1、自主防衛政策の模索　31
　2、改定安保条約の成立　39
　3、自主防衛政策の転換　49

第3章　「極東」でない「極東」　57
——ベトナム戦争と沖縄返還問題

　1、ベトナム戦争時の日米安保協力　57
　2、非核三原則と沖縄返還の実現　66
　3、沖縄返還後の日米安保協力　75

第4章 「同盟」でない「同盟」 83
――対米便宜供与と集団的自衛権論

1、自衛力をめぐる動向 83

2、対米便宜供与の拡充 90

3、集団的自衛権をめぐる議論 99

第5章 「戦争」でない「戦争」 109
――有事対応と平和復興支援活動

1、湾岸危機とPKO法 109

2、極東危機と周辺事態法 115

3、中東危機と有事・平和復興支援関連法 125

第6章 「変更」でない「変更」 135
――対米配慮と集団的自衛権行使容認

1、政権交代前後の安全保障政策 135

2、法制局による日米安保協力への姿勢 142

3、結論―集団的自衛権行使容認への途 152

追補 法制局と安全保障関連法の成立 161

あとがき 169

第1章 「軍隊」でない「軍隊」
―旧安保条約と再軍備政策

1、憲法第9条の成立をめぐる日米関係

米国の対日占領と新憲法案

　1945年8月、日本は第2次世界大戦に敗れ、日本に勝利した米国等による占領を受けることとなった。その米国政府は、「日本が再び米国の脅威又は世界の平和及び安全の脅威とならないようにするために非武装化・非軍事化する」⑴という占領の方針を固めており、同年中に日本の陸海軍は解体された。

　一方、日本政府は、終戦の直後から、米国側から憲法の改定を要求されるのに先立って、新憲法の作成に着手した。その作業では、新憲法の条文にも、旧憲法に引き続いて「軍隊を保持する」と規定するか否かが焦点の一つとなったが、当時の法制局内部では、「新憲法からは、旧憲法の第11条（天皇による軍隊の統帥権）及び第12条（同編成権）を削除する」ことが検討の俎上に上っていた⑵。また米国側でも、翌1946年1月、国務・陸軍・海軍三省間の調整委員会（SWNCC）が作成した「日本の統治体制の改革」と題する資料には、「天皇は、憲法第11条、第12条等軍事に関する一切の権能を剥奪される」との一節があった⑶。

　そして、翌1946年1月、幣原喜重郎内閣の松本烝治・憲法問題担当国務大臣らは、新憲法の案として、「憲法改正要綱（甲案）」と「憲法改正案

「軍隊」でない「軍隊」　5

（乙案）」を作成した。このうち、甲案は、「（旧憲法）第11条中に『陸海軍』とあるを『軍』と改め且第12条の規定を改め軍の編成及常備兵額は法律を以て定めるものとすること」と、軍備の保持を明記していた。これに対して乙案は、「（旧憲法）第11条、第12条は共に削除する」と、軍備に関する内容を盛り込んでいなかった (4)。

　これを受けて、幣原内閣は同月30日に閣議を開き、上記した二案への対応を協議した。そこでは、「軍の規定を新憲法に置くと、米国側は必ず面倒なことを言ってくるに決まっている」（幣原首相）、「今の政治情勢からすると、軍に関する規定は新憲法から削った方がよい」（岩田宙造・司法大臣）、「今日、軍の規定を削除しても、将来、軍を置こうとする場合、憲法を改正せずとも（軍を）置けると思うから、新憲法からは軍に関する規定を外してはどうか」（石黒武重・法制局長官、傍点は引用者、以下断り無き限り同じ）等の発言が相次いだ (5)。これについて、当時の法制局次長・入江俊郎は、後に「主として対外関係を念頭においてのことで、新憲法の９条のような意味の発言ではなかったと了解している」と語っていた (6)。そして閣議の結果、「軍備の保持に関しては、GHQ（米国側の対日占領司令部）の意向を確かめる」（吉田茂・外務大臣）という方針から、幣原内閣は同年２月８日、甲案をGHQに提出した。

日本国憲法案第９条の決定

　こうした動きの中で、GHQ最高司令官のマッカーサー元帥は、甲案に軍備の保持に関する規定が盛り込まれていること等から不満を抱き、日本政府に代わってGHQ自らによる新憲法案の作成を決断した。これを受けて、GHQの民政局は、次長のケーディス大佐を中心に新憲法案を作成した。

　そして同月13日、GHQ民政局長のホイットニー少将は、幣原内閣の松本国務相と吉田外相と相対し、ケーディスらの手になる新憲法の案

（GHQ案）を手交した上、「これに基づいて日本の新憲法を作成するよう要望する」と述べた。同案の第8条には、「国権の発動たる戦争は、廃止する。いかなる国であれ他の国との間の紛争解決の手段としては、武力による威嚇または武力の行使は、永久に放棄する。陸軍、海軍、空軍その他の戦力をもつ機能は、将来も与えられることはなく、交戦権が国に与えられることもない」(7) と、対日非武装化を具体化した文言が記されていた。

　このGHQ案に対して、幣原内閣の内部には「主権国家に軍備を禁ずるのは受け入れ難い」と否定的な意見も強かったが、「GHQ案が公表された場合、これに新聞等が追従して賛成するのは必至であり、このことに現内閣が責任を取れずに総辞職すれば、今後に予定される衆議院総選挙の結果にも大きく影響する懸念がある」（芦田均・厚生大臣）等の発言もあり、閣議は、「GHQ案に基づいて新憲法を作成するのは国民の間で賛否が分かれるだろうが、大局に照らして、GHQの意向に従う他はない」と決定した(8) 。

　これを受けて、法制局では入江俊郎・長官（石黒の後任、同次長から昇格）と佐藤達夫・次長が中心となり、同年4月17日、新憲法の政府案を完成した。その第9条は「國の主権者の發動たる戦争と、武力による威嚇又は武力の行使は、他國との間の紛争の解決の手段としては、永久にこれを抛棄する。陸海空軍その他の戦力は、これを保持してはならない。國の交戦権は、これを認めない」(9) と、GHQ案の第8条に対応する内容となっていた。

憲法第9条の成立

　同年6月25日、新憲法の政府案は国会に上程され、衆議院での審議が始まった。憲法の解釈に関して「人形使い（法制官僚）の言うままになるよ」(10) との姿勢で国会に臨んだ吉田茂・首相（前出、幣原の後任）は、

本会議で、「近年における戦争の多くが国家防衛（自衛）権の名において行われているゆえ、国家に正当防衛（自衛）権を認めることこそが偶々戦争を誘発する所以である」 (11) と、日本が自衛権を行使すること自体を否定するかのように答弁した。しかし、日本政府側は法制局が中心となり、第9条について、「戦争抛棄に関する規定は、直接には（日本に）自衛権を否認していないが、一切の軍備と国の交戦権を認めていないので、結果に於て自衛権の発動として、本格的な戦争は出来ないこととなる」と答弁する方針を作成しており (12)、吉田の答弁も、「日本が戦争できない」とする点で、その方針から逸脱してはいなかった。

この後、政府案は衆議院の憲法改正案特別委員会（委員長は前出の芦田均が務めた）に設けられた小委員会で審議が続いた。そして同年8月1日、同小委員会は、第9条に文言の追加（及び一部漢字の新字体への改定）を加え、「日本国民は、正義と秩序を基調とする国際平和を誠実に希求し、国権の発動たる戦争と、武力による威嚇又は武力の行使は、国際紛争を解決する手段としては、永久にこれを放棄する。前項の目的を達するため、陸海空軍その他の戦力は、これを保持しない。国の交戦権は、これを認めない」との形に決定した。

この変更のうち、第2項の冒頭部分への挿入（傍点部）について、芦田は自著の中で、「第9条の規定が戦争と武力行使と武力による威嚇を放棄したことは、国際紛争の解決手段たる場合であって、これを実際の場合に適用すれば侵略戦争ということに」なり、「従って自衛のための戦争と武力行使はこの条項によって放棄されたのではない」と記していた (13)。他方、小委員会に政府委員として出席していた佐藤達夫・法制局次長は、同じ挿入箇所を取り上げ、「GHQが『日本が自衛のために再軍備する意図を持っている』と誤解するかもしれない」と芦田に進言していた (14)。

しかし、この挿入を日本側から伝えられたGHQ民政局のケーディスは、「日本が国家として自衛権を持つのは当然である」と考えていた (15)

ため、特に異論を挟まず、新憲法の第9条は、以上のような変更を経た形で成立した。

　なお、付言すると、新憲法の制定時、「占領軍の存在が憲法第9条に記された『軍隊の不保持』に抵触するか否か」という問題は、論点として浮上しなかった。終戦に先立ち、米国等が日本に降伏を促した「ポツダム宣言」（1945年7月16日）には、「日本国の戦争遂行能力が破壊されたと確証されるまでの間、日本国内の諸地点は占領される」[16]と記された一章があり、日本政府及び当時の日本軍部は、同年9月2日、「ポツダム宣言の各章を誠実に履行する」[17]とした降伏文書（ミズーリ協定）に署名していたからである。

第9条の変更をめぐる思惑

　新憲法の制定に先立つ1945年10月、第2次世界大戦後の国際関係で平和を実現するための組織として国際連合（国連）が発足していた。その国連は、安全保障を実現するための方式として、米ソ両超大国が中心となり国連の加盟国が協力して国際紛争を解決するという「集団安全保障」の仕組みを採用し（国連憲章第39条）、加盟国に集団安全保障を実現するために兵力等の提供を求めていた（同第43-45条）。その一方で、武力攻撃を受けた国連の加盟国が集団安全保障の発動されるまで単独あるいは協力して自衛する（個別的・集団的自衛権の行使）のを認める（同第51条）等、国家の行う戦争を全面的に禁止してはいなかった。

　そしてホイットニーは、同年2月4日、GHQ案の作成に際し、民政局の担当者に「新憲法が国連憲章について明示的に言及する必要はないが、国連憲章の諸原則は、我々が憲法（案）を起草するにあたって念頭に置かれるべきである」と述べていた[18]。また、吉田内閣の金森徳次郎・憲法問題担当国務大臣（元法制局長官）も同年7月30日、憲法改正案特別委員会の小委員会で、「将来国際連合との関係において、（第9条）第2項の

戦力保持等の規定については色々と考えるべき点が残っているのではないか」⑲と述べ、日本が将来国連に加盟した際に安全保障活動のために軍事力を提供することを念頭に置いていたことをうかがわせていた。以上の点に照らして、GHQも日本政府側も、新憲法を制定する時点では、日本が再軍備する目的として、自衛と、国連に加盟した後の集団安全保障措置への参加の双方を念頭に置いていたように推察される。

その一方でケーディスは、第9条から受け取られる意味について、法制局次長の佐藤達夫と同様の懸念を抱いていたように思われる。同年9月28日、ケーディスは佐藤と会談した際、憲法第9条の英文訳に関して「第2項冒頭にあたるFor the above purpose（上記の目的のため）の意味が、『日本が必要なら再軍備をする』、『将来日本が国連に加盟し、国連警察軍に参加する義務を負う』等と誤解されるのを避けるため、In order to accomplish the aim of the preceding paragraph（前項の目的を達するため）と改めた方がよい」と語り、佐藤もそれに従っていた。英文を改めることにより、「戦力を保持しない理由を自衛戦争以外に限る」ではなく、第9条第1項の冒頭にある「正義と秩序を基調とする国際平和を誠実に希求」するために「戦力を保持しない」と解釈されるようにとの思惑が、そこからはうかがわれた⑳。

しかし、佐藤やケーディスが抱いた懸念は別な形で的中した。同年の9月、極東委員会（日本を占領・管理するために設けられた機関）の席で、「（上記した）憲法第9条への修正により、日本が自衛等を口実にして軍隊を持つ可能性が開けた」との問題が提起された。その結果、「非軍人から成る内閣による軍隊の統制」を実現するため、「内閣総理大臣その他の国務大臣は、文民でなければならない」とする条文（文民条項）が、憲法第66条第2項として挿入された㉑。

また、同年7月、米軍の統合参謀本部では、トルーマン大統領に宛てて、「必要があれば、日本政府に旧日本軍を動員させ、戦略上重要な港湾

地域を防衛するよう命令する」⒇と、日本の再軍備を盛り込んだ方針を報告していた。これに対してマッカーサーを司令官とする米極東軍は、「米英陸軍の９個師団と原子爆弾を用いれば日本の防衛は可能であり、日本側からは海上保安庁の艦艇を米軍の移送に使用する」⒀とした作戦計画をまとめるなど、日本の再軍備に消極的な姿勢を示していた。

２、旧安保条約の成立と再軍備政策の開始

対日講和・安全保障政策に向けての思惑

　一方、外務省の内部では終戦直後の1945年11月末に、課長級の約10名を構成員とする「平和（講和）条約問題研究幹事会」が発足した。同幹事会は対日講和の実現に向けた研究を行い、翌1946年５月に平和条約の案をまとめた。そこでは、「極東委員会の構成国は、日本への侵略を（平和）条約調印国全てに対する侵略と見なし、共同で対日防衛を行うための『集団的安全保障機構』を設置する」、「日本の非武装化に伴う国内の治安に不安が生ずる事態に備えるため、『武装警察隊あるいは国内治安隊』を創設するよう要求する」と記されていた⒁。

　さらに、翌1947年９月、日本政府（社会党の片山哲を首相とする連立内閣）の外相となっていた芦田均は、対日講和条約の成立後における日本の安全保障政策に関する提案を作成し、米陸軍第８軍（占領軍の主力部隊）司令官のアイケルバーガー中将に手交した。そこには、「米ソ関係の良好な場合には国際連合に日本の安全を委ねることが可能となるが、米ソ関係の悪化した場合には、日米両国が特別協定を結んで日本の防衛を米国に委ねる。その際、日本の領域外にある近接した地域に米軍を配備し、日本の独立が脅かされる場合、米国側は日本政府と合議の上で日本の国内に軍隊を駐留させ、その軍事基地を使用できる」という方式を盛り込むと同時

に、「日本国内の警察力を陸上及び海上において増加し、治安の維持に充てる」と、警察軍（国内治安の維持を主目的とした準軍隊）に類する組織の創設に論及していた [25]。

　こうした中で、第2次世界大戦の終結後間もなく、国際関係を指導する立場となった米国とソ連は、勢力圏の拡大をめぐって「冷戦」という対立状況に突入した。そのような中でも、米国政府は、1947年の8月に作成した「平和（講和）条約草案」で、「日本を25年間にわたり、非軍事化・非武装化し、米国等がこれを監視する」と、日本の再軍備を警戒・阻止する方針で臨んでいた [26]。しかし、翌1948年1月には、ロイヤル陸軍長官が、「日本は米国による全体主義（ソ連側）に対する防壁である」[27] と発言する等、米国は、日本を「極東においてソ連の勢力圏拡大を封じ込めるための基地とする」方針へと、占領当初の「非軍事化・非武装化」から政策を転換することとなった。

　そして、1950年の4月、再び政権を担っていた自由党の吉田茂・首相（兼外相）は、腹心の池田勇人・大蔵大臣（後の首相）が渡米した際、米国政府の要人に宛てたメッセージを託していた。そこには、「日本政府は、可能な限り早く米国と講和条約を結ぶことを正式に希望する」とした上で、「このような講和ができた場合、その後の日本及びアジア地域における安全を保障するために、米国の軍隊を日本に駐留させる必要があると自分（吉田）は考えるが、それを米国側から申し出るのが困難な際には、日本側からそうしたオファをする用意がある」と記されていた [28]。ここには、米国との関係を基軸に日本の安全保障を図ろうとする吉田の方針が示されていた。

　さらに同年の6月14日、GHQ最高司令官のマッカーサー元帥（前出）は覚書を作成したが、そこには「日本の講和が成立した後も、米軍は日本に陸海軍基地の使用権（access）を持つべきであり、無責任な軍国主義（筆者注：ソ連を指す）が『平和・安全及び正義』に対する脅威として世

界に存在する限り、米軍は日本に駐留する」⒀との一節があった。ここでマッカーサーは「非武装の日本」を「日本国自体が軍隊を持たない」という意味に捉えており、「米国という他国の軍隊が日本に駐留することが憲法第９条に矛盾する」とは考えていなかった。

旧安保条約の締結

　同じ1950年の６月25日、朝鮮半島で北朝鮮の軍隊が韓国に侵攻し、朝鮮戦争が始まった。これに対して、米国は国連の場で、軍事力による韓国の救援をよびかけ、これに賛同した国々と米国の軍隊から成る国連軍が編成された。そして日本に駐留する米軍も、この国連軍に加わって朝鮮半島に投入され、日本は軍事侵略を受けた際の防衛力に不安を抱えることとなった。

　こうした事態が進む中で、GHQは日本政府に、米軍に代わって日本の国内治安を維持するための組織を創設するよう指示し、これに応じた日本政府は、同年12月に警察予備隊を発足させた。同予備隊は総員７万５千人で４個師団から編成され、装備としては当初から全員がカービン銃を提携し、後には迫撃砲、バズーカ砲、戦車（特車と呼称した）等３千輌を保有するに至った。一方、階級には、警察正、警察士、警査等、旧日本軍と異なる呼名が付されていた。

　その一方、翌1951年２月の国会で、「外国の軍隊が日本に駐屯（駐留）して日本を防衛し、日本がそれに便宜を図るという措置を考えると、日本が自ら軍隊を作るのも他国の軍隊で武装するのも、軍隊に基づく防衛という点では変わらず、憲法第９条に違反するのではないか」との質問に、吉田首相は「憲法（第９条）が許していないのは日本自身による防備であり、自衛権が日本に存在する以上は、自衛権の発動として、外国に日本を防衛する際の協力を求めることは差し支えない」⒂と答弁した。また、法制官僚の上司にあたる大橋武夫・法務府法務総裁は、同じ月、国会で

「終戦以来、日本には降伏（文書）の条項に従って、連合国の軍隊が占領軍として駐屯（駐留）し、日本の治安に責任を負っているが、これは第9条とは何ら関係がなく、それと同様に、（日本が）将来講和条約を締結した後も、外国の軍隊が日本に駐屯することも、第9条とは関係がない」、「外国の軍隊が日本の自衛に協力するために、日本の同意を得て日本に駐屯する場合、それは外国が日本の自衛のために保持している戦力である」(31) と答弁していた。そして、このような解釈に関して、1969年3月、高辻正己・内閣法制局長官は、「法制局も同様の立場を取っていた」(32) と国会で述べていた。

　そして同年9月8日、米国のサンフランシスコで、日米安保条約（以下、安保条約あるいは旧安保条約とも記す）が調印された。同条約は前文で、米国の日本に対する「自衛目的の再軍備の漸増」を要求し、本文では、「極東の平和と安全の維持」並びに「日本国内の内乱及び騒擾の鎮圧」及び「外部からの武力攻撃に対する日本の安全への寄与」のために、「米軍が日本国内及びその付近に駐留する権利を持つ」（第1条）としていた。

　実は、同条約と共に調印された対日講和条約には、「日本が個別的又は集団的自衛権を有する」（第5条c）と定められていた。そこで日本側は、当初、「米軍（人）の対日防衛」と「日本の米軍に対する基地等（物）の便宜供与」という、「物と人の交換」方式を旧安保条約に盛り込むことで、集団的自衛権に基づく関係を実現しようと求めた。しかし、米国側は、「日本が軍備を保有しないゆえに対米防衛義務を負うことができない」という点を理由として日本側の要求を拒否し、条約に「米国の対日防衛義務」は明文化されなかった(33)。

　さらに、日本に駐留する米軍の目的について、日本政府側は、「日本国の安全を守る」ことに限定するよう希望していたが、米国政府及び軍部の強い意向により、「極東の平和と安全」が加えられた(34)。また、朝鮮戦

争（上述）に従事する国連軍の傘下にある米軍に関しては、「朝鮮半島における有事の際に、日本国内における施設（基地）等を使用することを認める」とした交換公文（吉田・アチソン交換公文）が取り交わされた。

旧安保条約をめぐる答弁

その後、国会で旧安保条約を批准する際の審議では、野党から、同条約には「米国の対日防衛義務が書かれていない」、「日本は米国に対して（日本を）防衛してもらう権利を持たずに（基地を提供するなどの）義務ばかり負っている」との疑問や批判が続出した。これに対して吉田首相は、「安保条約は、米国が日本を守るというのが趣旨であるゆえに、（米国による対日防衛の）義務規定がなくても、米国は進んで日本を防衛する」(35) と答弁した。

また、「安保条約に基づいて日本に駐留する米軍が出動するのならば、日本も戦争に巻き込まれるのではないか」との問いに、大橋法務総裁は、「米軍が日本に駐留するのは、日本の平和と安全を守るのを目的としており、戦争のためではない」(36) と述べた。また、旧安保条約と憲法第9条との整合性を問われた際には、「裁判所は、条約に基づく（法整備等の）措置を違憲と判断するのは可能だが、条約自体を合憲か違憲かと判断することはあり得ない」(37) と答弁し、米国への配慮を示した。さらに、参考人として出席した金森徳次郎（前出、憲法第9条制定時の憲法問題担当国務大臣）も、「安保条約に米軍の基地や（米軍の）駐兵権を認めるのは、日本にとっての自衛権の範囲内として憲法上支障がない」(38) と語っていた。

その一方で、大橋は、「警察予備隊の朝鮮への出動は、戦闘部隊である米軍の一翼として活動することとなり、日本が憲法上禁じている戦争を開始することにつながるゆえ、不可能である」(39)、「日本が朝鮮戦争に協力するため、義勇軍を募集するというようなことは考えていない」(40)

「軍隊」でない「軍隊」　15

と、日本側の協力が非軍事分野に留まる旨を述べていた。しかし、朝鮮戦争の勃発した直後の1950年10月4日、吉田首相は、米極東海軍司令部からの「朝鮮半島周辺海域で機雷を除去する作業に協力してほしい」という依頼に、「国連軍に協力するのが日本政府の方針である」と応諾していた(41)。この結果、海上保安庁に所属する掃海艇、巡視艇等が同年12月まで機雷の除去に携わったが、機雷に接触する事故で負傷者18名、死者1名という被害を受け、これらの事実は1979年の秋まで公にされなかった。また、大橋は、「米軍が日本の国内で義勇軍を募るのは、日本が責任を負う行為ではない」(42)と述べ、一種の対米配慮を示していた。

　そして結局、旧安保条約は講和条約と共に、衆議院で同年10月26日、参議院が翌11月18日に承認し、批准・成立するに至った。続いて、翌1952年2月末、日米両国政府は、日米行政協定（以下、行政協定とも記す）に調印した。これは、旧安保条約に基づいて米軍が日本に駐留する際の条件を定めたものであった。しかし、その第24条では、「日本区域において敵対行為又は敵対行為の急迫した脅威が生じた場合、日米両国政府は日本区域を防衛するために必要な措置をとると同時に、安全保障条約第1条（前掲）の目的を遂行するため、直ちに協議する」と、日米防衛協力の実施を定めたとも解釈し得る内容が盛り込まれていた。そして、この条文における「日本区域」の具体的な範囲について、岡崎勝男・国務大臣は「『日本』領土を意味する」(43)と述べていた。

　その同じ年の10月に衆議院総選挙が行われ、吉田内閣を支える与党の自由党は解散前より議席を減らしたものの過半数を獲得して政権を維持した。国民は、吉田内閣の採用した「旧安保条約に基づく安全保障政策路線」を受け入れたと言えよう。

自衛力・自衛戦争をめぐる答弁

　旧安保条約の締結交渉が進む最中の1951年2月3日、日本政府は、「再

軍備計画の第一段階」と題する覚書を米国側に提出した。そこには、「現有する警察及び警察予備隊と別個に、陸海５万人からなる保安部隊（security forces）を創設する」と記されていた (44)。そして、この覚書を具体化するための措置として、翌1952年４月、「海上における人命もしくは財産の保護または治安の維持のため、緊急の必要がある場合、海上で必要な行動をとる」のを目的とする海上警備隊が発足（同年８月に警備隊と改称）した。これに先立ち、米国側は、講和条約の調印直後、GHQ最高司令官のリッジウェイ大将（マッカーサーの後任）が吉田首相との会談で、「日本が希望するならば18隻のフリゲート艦と50隻の大型上陸支援艇を貸与しよう」と提案し、吉田もこれを受け入れていた (45)。また、同隊の創設に際しては、米極東海軍司令部の幹部が助言や相談に応じていた (46)。

　さらに同年10月、警察予備隊を改組・拡充した保安隊が発足し、保安隊と警備隊を指揮監督する任務は、保安庁が担うこととなった。これに続き、翌11月には、米国から警備隊へのフリゲート艦の貸与を決めた日米船舶賃貸借協定が調印された。

　こうした動きの中、1952年２月27日、佐藤達夫（前出、1949年６月より法務府法制意見長官）は、国会で「憲法第９条は自衛権について論及していないゆえ、独立した国家に認められている自衛権を日本も保持していることは問題がない」が、「自衛権を行使する手段としては、憲法第９条第２項によって日本は戦力を保持すること及び交戦権を否定しているので、自衛戦争はできないことになる」とした上で、「自衛権を行使する場合の戦力及び交戦権を活用する以外の方法が当然ある」 (47)と答弁した。また、「自衛権が濫用されて日本が侵略戦争に走る危険はないのか」との質問には、「そうした事態が（自衛権の）濫用なのか、本来の自衛権の枠内であるかは客観的に判断されるべきである」とした上で、「（過去の日本において）自衛戦争の名において侵略戦争がなされたことがいけないから、憲法第９条ができているゆえに、日本が（自衛権を濫用するような）

誤解を招くことはあり得ない」(48) と答弁した。

　また、同年12月23日の国会では、「警備隊が米国から貸与を受けている
フリゲート艦は、大砲、爆雷等戦闘に用いるための武器を備えつけてお
り、軍艦旗のような標識を示している以上、軍艦と表現するしかないが、
なぜ政府はこれを軍艦と呼ばないのか」との質問が提起された。これに対
して佐藤達夫（前出、1952年8月より法制局長官）は、「警備隊の任務は
海上における治安の維持を目的とするゆえ、その艦船も同じ目的に用いら
れて」おり、「同じフリゲート艦が日本以外の国の海軍に貸与されて戦争
することを役割として担うならば、これを軍艦と言わざるを得ないが、日
本では戦争を行うのではなく治安を維持するために同艦を使用するのだか
ら、たまたま同艦が武装していたからといって、直ちに軍艦であるという
ことにはならないと考える」(49) と述べた。さらに、翌1953年2月、佐藤
は国会の質疑で、憲法第66条第2項における「文民」の定義を問われた
際、「過去に職業軍人であった者のうち、軍国主義に染まった経歴を持っ
ていない者を指す」(50) と答弁した。

「戦力に関する見解」の本質

　その間、保安隊の発足した直後の同年11月25日、吉田内閣は、法制局の
作成した「戦力に関する見解」を閣議で決定した。そこには、「憲法第9
条第2項は、侵略の目的たると自衛の目的たるとを問わず、『戦力』の保
持を禁止する」、「『戦力』とは、近代戦争遂行に役立つ程度の装備編成
を備えるものをいう」、「『戦力』の定義は、その国の置かれた時間的・
空間的環境で具体的に判断されなければならない」、「保安隊及び警備隊
は、我が国の平和と秩序を維持する（自衛する）ことを目的としており、
その本質は警察上の組織であり、また、客観的に見ても、その装備編成が
決して近代戦争を有効に遂行し得る程度のものではないから、憲法の『戦
力』には該当しない」(51) との内容が記されていた。

上記した佐藤の答弁や法制局の見解は、「憲法第9条の下では戦力（軍隊）とは異なる自衛力の保持が認められる」とする点で、芦田均（前出）による「憲法第9条第2項に加わった変更（前出）によって、自衛するための戦力の保持が認められる」との主張とは、（両者とも「戦力」の具体的な内容を明示していないものの）自衛手段を保持し得る論拠を異にしていた。これに先立ち、旧安保条約の締結交渉が始まった直後の1951年2月6日、交渉の米国側代表として来日していたJ・F・ダレス（後の米国務長官）に、鳩山一郎（後の首相）ら日本の政財界人が、日本の防衛に関する意見書を提出していた。そこには、「朝鮮戦争の勃発以来、日本の防衛が懸念されており、それに備えるための米軍の日本への駐留が不可欠である」ものの、「日本に駐留する米軍の性格は、講和以後には占領軍と異なるゆえ、その目的と性格を変えるべきであり、既に創設されている警察予備隊は、米軍の『傭兵』に類する感があるので、米国から十分な了解を得た上で、日本の再軍備を進めるのが不可欠である」と、安全保障政策に関して日本の対米自主性を強調する内容が記されていた [52] 。しかし、ダレスら米国側は、自国の軍事戦略を補佐する立場として日本を位置付けていたゆえ、この意見書を好ましく思わず、安保条約を作成する過程で俎上に上げることはなかった [53] 。

　また、吉田首相は同じ1951年の1月、ダレス（前出）との講和・旧安保条約の締結をめぐる会談で、「日本の再軍備は経済の復興等を優先した上で進める」 [54] と述べており、大規模な形によらない「自衛力」の保持を認めるとした法制局の見解は、こうした吉田の姿勢に沿っていた。しかし、法制局が自衛力・自衛権等に関して表明した一連の見解は、「自衛戦争と侵略戦争」及び「自衛力と戦力」を区別する客観的な基準を具体的に示さず、「警察予備隊や（警備隊の備える）艦艇は、戦争を行うのでなく治安を維持するのを目的とするゆえ、軍隊や軍艦とは言えない」等、実態と表現の乖離した、「馬は馬、白馬は白馬、故に白馬は馬に非ず」式の論

法と言わざるを得ないものであった (55)。

対米軍事協力をめぐる答弁

　1952年3月、法制意見長官の佐藤達夫は、「日米安保条約によって米軍が日本に駐留することを認めると明記している限り、『駐留軍の存在を認めない』ということは、日本国内の意思として成り立ち得ない」(56) と答弁していた。実際、佐藤ら法制局の手になる「戦力に関する見解」（前出）には、「憲法第9条第2項にいう『保持』とは、いうまでもなく日本が保持の主体たることを示すもので、米国の駐留軍は、日本を守るために米国の保持する軍隊であるから憲法第9条の関するところではない」との文言があった。これは、同じ問題に関して吉田首相や大橋法務総裁が1950年の2月に答弁した内容（前出）と、同じ趣旨であった。

　また佐藤は、同年の4月、国会で安保条約及びそれに関連する諸法規・協定等の意味合いに触れ、「この問題は結局、日本の平和及び安全をずっと確保していくのにどうしたらよいかという、難しい政治論になると思う」と前置きした上、「一応駐留軍が来てもらうことにより日本の安全を保障してもらうというのが適当であろうという建前から、諸般の条約が締結されている」(57) と答弁した。これもまた、吉田が「安保条約の趣旨は、米国が日本を守ることにある」との答弁（前出）に沿ったものであった。

　その一方で佐藤は、「警察予備隊が日本の国外に出動するということは、（その存在を規定した）警察予備隊令等の現行制度の下では規定されていない」、「米軍が日本に駐留しようとしまいと、警察予備隊なり保安隊が日本の国外に出動するということは全く考えておらず、問題にならないと思う」(58) との見解を述べていた。実は、旧安保条約に伴う行政協定を締結するに際し、当初は、「日本に関わる有事において日米間の合同司令部を設置する」との内容を盛り込むことが検討されていたものの、日本

20

政府側が「憲法第9条の解釈により警察予備隊及び保安隊が国内治安維持以外の交戦的行動に参加するのが事実上不可能である」と主張したため、合同司令部に関して同協定は明文化するに至らなかった (59)。しかし、その背後で吉田首相は、同年7月23日、米国のマーフィー駐日大使等と会談した際、「緊急事態の際には米軍の司令官が日米合同司令部を指揮する」ことに同意していた (60)。

　また、佐藤は、「吉田・アチソン交換公文」に関して、「安保条約や行政協定は、『日本に駐留する米軍（駐留軍）』を対象とするかどうか明示していないが、『国連軍』としての性格を排除した米軍を対象とすると（日本政府としては）考えている」、「米軍の性格について、『駐留軍』か『国連軍』かを明白に区別する必要があり、それをどう規律するか、外務省にも検討を促している」 (61) と答弁していた。しかし、朝鮮戦争時における日本からの掃海艇の出動（前出）は、「駐留（米）軍」から「国連軍への協力」を日本に「要請」する形となっていたことが示すように、「駐留軍」と「国連軍」とを区別するのには困難が伴っていた。従って、「国連軍」として活動する米軍に、「駐留軍」か「国連軍」かの区別を曖昧にしたままで、安保条約や行政協定とは別個の対応を進めるという姿勢は、結果として米軍への便宜供与を一層強化することとなった。

　これに加えて、憲法第9条を国会で審議した際には、「日本自体が『戦力』及び『陸海空軍』を保持するのを禁じられる」という観点で議論されており、米国等他国の軍隊が日本に駐留する場合は議論の対象となっていなかった。しかし、旧安保条約に基づいて日本に駐留する米軍（在日米軍）が「極東の平和と安全の維持」を目的として「戦争、武力による威嚇又は武力の行使」に及んだ場合、それは、「日本が憲法第9条で放棄するよう求められた『戦争』に関与する」という事態を招き得るものであった。

　一方、1952年8月に、米国政府は対日基本政策に関する文書を作成し、

「軍隊」でない「軍隊」　21

同政府の方針として承認した。そこには、「日本が国外からの侵攻を防ぎ、さらには太平洋地域の自由主義諸国を守るために、防衛力を発展させるように支援する」、「日本が十分な防衛力を備えるまで米軍は日本及びその近隣地域に駐留し、日本の自衛部隊と協力する」、「朝鮮戦争に従事する国連軍の傘下にある米軍の日本への駐留を継続する」等の文言が並んでいた [62]。法制局の答弁に示されたような自衛・対米便宜供与の姿勢は、米国側の要求に沿っていたと言えよう。

3、再軍備政策の進展

MSA協定の締結

翌1953年11月、来日した米国のニクソン副大統領（後の米国大統領）が、「日本に戦力の保持を禁じた1946年の憲法は誤りであった」と発言する [63] など、日本に軍事力の増強を求める声は、米国政府内部から高まる気配を示していた。

こうした中、翌1954年２月、日本政府は、朝鮮戦争に従事する国連軍に軍隊を派遣する国々との間に、「日本国における国際連合の軍隊の地位に関する協定（国連軍地位協定）」を締結した。これは、日本に駐留する米軍の性格を「（日米安保条約に基づく）駐留軍」と「（朝鮮戦争に従事する）国連軍」とに区別するための措置で、その中では、「国連軍」を「（朝鮮戦争に従事する国連軍への派遣）国の陸軍、海軍又は空軍で国際連合の諸決議に従う行動に従事するために派遣されているもの」（同協定第１条d）と規定していた。

続いて同年３月、日米両国政府は相互防衛援助協定（MSA協定）を締結した。これは、「日本が安保条約に基づいて負っている軍事的義務の履行を再確認するとともに、自国の政治及び経済の安定と矛盾しない範囲で

その人力、資源、施設及び一般的経済条件の許す限り自国の防衛力及び自由世界の防衛力の発展及び維持に寄与し、自国の防衛能力の増強に必要となる全ての合理的な措置を執る」（同協定第8条）ことを目的としており、それは、「安保条約及びそれに基づく取極め」並びに「日米両国における憲法上の規定に従って」実現される（同第9条）と定めていた。そして同年6月、MSA協定に基づき、米国から日本への海軍艦艇の貸与を定めた協定が調印された。

　そして同年3月の国会で、MSA協定によって発生する日米両国間の防衛義務関係に関して、「日本が（内乱を支援する等の形で）間接侵略を受けた場合、それを防ぐために（内乱を支援する）海外の基地あるいは補給路を断つのは、（今後発足する予定の）自衛隊の任務に入るのか」との問いに、佐藤達夫・法制局長官は、「日本に対する急迫不正の侵害がある場合、自衛隊は必要な対抗措置をとるが、それは『日本を防衛するために必要な』範囲とされているゆえ、あらゆる侵略に対して、あらゆる自衛活動を行うための措置をとるということにはならず、措置を取る際には、それが必要か否かの判定が加わる」(64) と述べ、自衛隊が海外出動に及ぶ可能性を明確に否定しなかった。

　さらに、「MSA協定の第9条に示すとおり『日本の海外派兵は憲法上の規定に従う限りあり得ない』と、なぜ答弁できないのか」との質問に、佐藤は「同協定の全体を概観しても、そのような規定は見当たらず、従って憲法第9条に論及するまでもなく、違憲の問題は生じない」(65) と答えた。これに関連して、「最高裁判所がMSA協定を違憲と判断した場合、同協定の日本国内での効力はどうなるのか」との問いに、高辻正己・法制局第一部長は「本協定は、日米両国政府が憲法上の規定に従って実施するものと定められている以上、憲法に違反する虞がないと考えている」(66) と応じたものの、その具体的な理由を明言しなかった。

自衛隊の海外出動をめぐる答弁

　また、「MSA協定中に自衛隊の海外派兵を義務付けているか否かを問うているのではなく、同協定が『憲法に従う』と書いてある以上、日本が海外派兵するようなことはあり得ない、と明確に答えられないのは、日本政府が『日本の憲法の解釈として海外派兵も可能である』との考えに立っているのか」との追及に、佐藤は「『海外派兵』という言葉が、日本の領域あるいは領海を越えて自衛隊が出動することを指すのか、仮に（領海を越えた）公海上で自衛権を行使して敵を迎撃した場合が『海外派兵』に入るか否か等の疑問が多く、一口では答えられない」とした上で、「日本が自衛権を行使する以外、即ち、『（武力攻撃を受けた）外国を日本が（武力を用いて）救援する』というような内容の協定を結ぶのは、自衛隊法の改正も必要な上、国会の同意を得ずには不可能である」という前提を指摘し、「国会が同意せずには実現できないような内容を、米国政府にお願いしてMSA協定に規定するのは、日本の（国家としての）自主的な立場に照らして難しい」(67)と答弁していた。さらに彼は、同年の５月、国会で、「恐らく一般の通念として、常識的に懸念されているような海外派兵というものは、実現が非常に困難で、むしろ不可能と申しあげてもよいと思う」(68)と答えていた。

　以上、法制局側の答弁は、「MSA協定が『憲法上の規定に従う』と明記しているゆえ、同協定に由来する日本側の活動も憲法第９条で許された範囲内で行われる」との見解を示していた。しかし、同時に、「日本が自衛するための措置は、それが必要か否かを判断する」と述べるにとどまり、「海外派兵」、「憲法の範囲内」等の言葉が示す具体的な意味内容を何ら明確にしていなかった。それは結局、「自衛措置として必要な場合には、日本側が自国領域内での活動にとどまらず、また米軍との共同活動に踏み込むことも辞さない」という論理上の帰結を伴っていた。

対米便宜供与をめぐる答弁

　同じ1954年の7月、日本における新たな防衛組織として、自衛隊（保安隊を拡充した陸上自衛隊、警備隊を拡充した海上自衛隊、新たに設立された航空自衛隊から成る）及びそれを所管する防衛庁が発足した。それに先立ち、国会では参議院が、「本院は、自衛隊の創設に際し、現行憲法の条章と、わが国民の熾烈なる平和愛好精神に照らし、海外出動はこれを行わないことを、茲に更めて確認する」とした決議（自衛隊の海外出動禁止決議）を採択した。

　これに先立つ同年の3月、国会で「戦闘行為に入っている国連軍あるいは米軍の後方勤務（物資の補給等）に、発足後の自衛隊が協力するのは、外地（海外）派兵又は交戦権の発動に基づく戦争ではないので合憲か」との質問に、緒方竹虎・副総理は「政府全体としては、憲法で許された範囲内であると考える」と答え、法制局長官の佐藤もそれに同意していた(69)。佐藤は翌4月の国会で、「日本における自衛権の行使」について、「日本に対して現実的な侵害があり、それを排除するために他に手段がない場合に、必要最小限度で防衛するための措置を取る」(70)という「武力行使の3要件」を述べた。

　さらに同年5月の国会で、「日米行政協定（前出）の第24条で規定された『日本区域において敵対行為又は敵対行為の急迫した脅威が生じた場合に日米両国の採り得る必要な共同措置』には、（創設された後の）自衛隊の出動も含まれるのではないか」との問いに、木村篤太郎・保安庁長官は、「自衛隊の出動も当然含まれるが、それは国会の承認に基づいて行われる」(71)と答弁した。さらに、「同24条にいう『日本区域』の範囲について、米国は、北海道・本州・四国・九州にとどまらず、『日本周辺』というように相当広く解釈しているが、この解釈によれば、自衛隊は『日本自体の防衛』とは異なり、海外出動に至るのではないか」との問いに、法制局長官の佐藤は、「日本の採るべき行動というものは、あくまでも憲法

の枠内にとどまるべきであり、安保条約や行政協定によって、日本が憲法で許されない行動に及ぶことはあり得ず、自衛隊は憲法の枠内で許された行動をとるものと考えている」(72)と答弁した。

これらの答弁は、「自衛隊が軍事行動以外の手段により日本の領域外で米軍以外の軍隊（国連軍等）を支援することが許される」という見解の表明であった。しかし、朝鮮半島に駐留する国連軍（朝鮮戦争は1953年7月より休戦となった）の司令官は、在韓米軍及び米陸軍第8軍の司令官を兼務しており、その業務を厳密に区別するのは事実上困難であった。それは、「国連軍」としての米軍への便宜供与を継続することへとつながり得るものであった。さらに、自衛隊の（日本の安全を守るための）軍事活動を日本の領域内に限定する一方で、米軍が「極東の平和と安全の維持」を目的として行動する（旧安保条約第1条）際には、自らの自由な裁量に基づくことが認められていた。これは結果として、「日本が米国の領域を防衛する義務」の欠落を「米国が日本の領域外で自由に行動する権利」により充当・交換するような形となっていた。

自衛隊をめぐる憲法解釈と法制局

1954年12月、吉田首相の率いる自由党の内閣は退陣し、鳩山一郎を首相とする日本民主党による内閣が成立した。同党内には、芦田均（前出）等、「日本が自衛を目的とする軍隊を保持するのは憲法第9条の下でも許される」との見解を唱える勢力が集っており、新内閣と法制局との間で、憲法第9条への解釈方針を調整するのが焦眉の課題として浮上した。

同月21日、林修三・法制局長官（佐藤達夫の後任、同次長から昇格）は、国会で、「憲法第9条第1項によって、自衛する目的での『武力の行使』まで日本が放棄しているとは考えられない」、「同条第2項により日本が保持することを禁じられた『戦力』という言葉を、ごく素朴な意味で『戦い得るための力』と解釈すれば、治安の維持を目的とする『警察力』

26

等も含まれることになるが、自衛を目的とする武力の行使が認められるとする憲法第9条の趣旨に照らして、『警察力』のようなものを保持するのを禁じているとは考えられない」として、「自衛を目的とする戦力は、憲法第9条第2項で保持することを禁じた『陸海空軍その他の戦力』に該当しない」(73) との見解を表明した。

そして翌12月22日、鳩山内閣は、法制局との協議を経た上で作成した「自衛権、自衛のための実力行使、自衛隊の合憲性に関する政府見解」を発表した。そこには、「自衛隊のような自衛のための任務を有し、且つその目的のため必要相当な範囲の実力部隊を設けることは、何ら憲法に違反しない」とした上、「自衛隊は外国からの侵略に対処するという任務を有するが、こういうものを軍隊というのならば、自衛隊も軍隊ということもできる」が、「かような実力部隊を持つことは、憲法に違反しない」(74) と記されていた。

ここで注意すべきなのは、上記した林の答弁及び政府見解が共に、日本を自衛する手段として、「警察力」、「自衛目的のために必要な範囲の実力部隊」等の表現を用い、「戦力（軍隊）」という表現を（「自衛を任務とする組織も軍隊と呼び得る」との譲歩を示しつつ）回避している点である。そして同時に、法制局が吉田内閣時に出した「戦力に関する見解」（前出）に示した「憲法第9条の下では戦力（軍隊）とは異なる自衛力の保持が認められる」という論理との整合性が顕著に示されていた。

この見解をめぐる政府・与党間の協議では、鳩山内閣の重光葵・副総理兼外相が「自衛目的の軍隊は合憲である」との立場から強く反発した。しかし、法制局側は「憲法第9条の下で保持を許される『戦力』には自衛目的の見地からする限界がある」との主張を譲らず、さらには根本竜太郎・官房長官や杉原荒太（参議院議員、鳩山首相の側近）等から法制局側に同調する声も上がり、議論の収拾が図られた (75)。

これに先立ち、1953年の3月に衆議院総選挙が行われた際、重光らは改

進党を結成し、「自衛軍の創設」を訴えて選挙戦に臨んだものの、結果は選挙前の85議席から76議席へと後退していた。他方、吉田内閣の与党であった自由党は「再軍備への反対、自衛力の漸増」を掲げた結果、全体の過半数を割り込んだものの第1党の座に留まり、吉田内閣が継続した。また、「再軍備への反対」を強く標榜する左派・右派の社会党が、それぞれ54議席から72議席、57議席から66議席へと伸ばすなど一定の勢力を占めていた。このように、有権者が「戦力や自衛軍の保持」に強い拒否感を示す中で、鳩山首相自身も、政権の座に就いた前後から、次の総選挙で与党に逆風が吹くのを懸念して、「再軍備」に論及するのを避けるようになっていた (76)。

　このような中、1955年4月、米国政府は、新たな対日政策の方針を決定・採択した。そこには、「米国は日本に対して、その政治的・経済的安定を侵害してまで軍事力を増強するよう圧力をかけるのは避けるべきである」 (77) として、大規模な「自衛軍」の創設を強く求めず、「憲法第9条と自衛隊の併存」という吉田内閣時代に形成された路線の継続を容認するという姿勢が示されていた。

［注］

(1) 細谷千博他編『日米関係資料集1945-97』東京大学出版会、1999年、22頁。

(2) 入江俊郎『日本国憲法成立の経緯』憲法問題調査会事務局、1960年、7頁。

(3) SWNCC-228.田中英夫『憲法制定過程覚え書』有斐閣、1979年、14頁。

(4) 甲案は国立国会図書館憲政資料室所蔵「佐藤達夫関係文書22」、乙案は同「入江俊郎関係文書9」。

(5) 閣議の様子は、佐藤達夫『日本国憲法成立史 (2)』有斐閣、1964年、633頁。

(6) 前掲書『日本国憲法成立の経緯』73頁。

(7) 鈴木昭典『日本国憲法を生んだ密室の九日間』創元社、1995年、383頁。

(8) 芦田均／進藤榮一代表編集『芦田均日記 (1)』岩波書店、1986年、77-78頁、90-91頁。1946年2月19日、及び同年3月5日。

(9) 『第90回帝国議会衆議院帝国憲法改正案委員小委員会速記録』「付録」衆議院事務局編、1995年、2頁。

(10) 佐藤達夫「憲法と吉田総理大臣」、吉田茂『回想十年 (2)』中公文庫、1998年、73頁。

(11) 『第90回帝国議会衆議院速記録第8号』1946年6月29日、123頁。

(12) 佐藤達夫著、佐藤功補訂『日本国憲法成立史 (3)』有斐閣、1994年、468-469頁。

(13) 芦田『新憲法解釈』ダイヤモンド社、1946年、36頁。

(14) 憲法調査会事務局『憲法調査会第7回総会議事録』大蔵省印刷局、109頁。

(15) 前掲書『日本国憲法を生んだ密室の九日間』125頁。

(16) 「ポツダム宣言」の全文は、前掲書『日米関係資料集』8-9頁。

(17) 「ミズーリ協定」の全文は、同上、16-17頁。

(18) 山室信一『憲法9条の思想水脈』朝日選書、2007年、255頁。

(19) 衆議院事務局編『第90回帝国議会憲法改正案委員小委員会議事録』衆栄会、1995年、141-142頁。

(20) 佐藤達夫著、佐藤功補訂『日本国憲法成立史 (4)』有斐閣、1994年、925頁。

(21) 「文民条項」の挿入をめぐる経緯は、古関彰一『新憲法の誕生』中央公論社、1989年、247-256頁。

(22) The JCS to the President,July26,1946,p.4 ,President's Secretary File,Box135,the Harry S. Truman Library.

(23) General Headquarters of Supreme Commander for the Allied Powers and Far East Command,"Staff Study Operation'BAKER65'5 th edition"June10,1947,p.6.CCS381.（1-24-42）Bp.pt.1.RG218.

(24) 平和問題研究幹事会『第一次研究報告』1946年5月、外務省公開文書マイクロフィルム番号B´00098、第1巻、0171頁。

(25) 外務省公開文書マイクロフィルム番号B´0008、第3巻、0082-0085頁。

(26) "Draft Treaty of Peace with Japan" August 5,1947.五十嵐武士『対日講和と冷戦—戦後日米関係の形成』東京大学出版会、1986年、72-73頁を参照。

(27) 杉村栄一編『現代国際政治資料集』法律文化社、1979年、91頁。

(28) 宮沢喜一「安保条約締結のいきさつ」『中央公論』1957年5月号、68頁。同『東京-ワシントンの密談』備後会、1975年、54頁。

(29) Memo by MacArthur, June 14,1950. *Foreign Relations of the United States* （*FRUS*）,1950,UL,p1218-1291.

(30) 『第10回国会衆議院外務委員会議録第5号』1951年2月20日、6頁。

(31) 『第10回国会衆議院外務委員会議録第6号』1951年2月21日、2-3頁。

(32) 『第61回国会参議院予算委員会会議録第21号』1969年3月31日、14頁。

(33) 原彬久『戦後日本と国際政治—安保改定の政治力学』中央公論社、1988年、22-23頁。

(34) 明日川融『日米行政協定の政治史』法政大学出版局、1999年、130頁。

(35) 『第12回国会衆議院平和条約及び日米安保条約等特別委員会議録第3号』1951年10月18日、22頁。

(36) 『第12回国会参議院平和条約及び日米安保条約等特別委員会議録第21号』1951年11月17日、12頁。

(37) 同上、4頁。

(38) 『第12回国会参議院平和条約及び日米安保条約等特別委員会議録第3号』1951年10月25日、23頁。

(39) 『第12回国会参議院平和条約及び日米安保条約等特別委員会議録第20号』1951年11月16日、25頁。

(40) 同上、23頁。

(41) 大久保武雄『海鳴りの日々—隠された戦後史の断層』第一法規出版、1976年、229頁。

(42) 『第12回国会参議院平和条約及び日米安保条約等特別委員会議録第20号』1951年11月16日、24頁。

(43) 『毎日新聞』1952年2月29日。

(44) 前掲書『日米関係資料集』89頁。

(45) 植村秀樹『再軍備と五五年体制』木鐸社、1995年、74頁。

(46) 阿川尚之『海の友情—米国海軍と海上自衛隊』中公新書、2001年、123—144頁。

(47) 『第13回国会衆議院外務委員会議録第6号』1952年2月27日、3頁。

(48) 同上、4頁。

(49) 『第15回国会参議院法務委員会会議録第8号』1952年12月23日、2頁。

(50) 『第15回国会衆議院外務委員会会議録第17号』1953年2月14日、9頁。

(51) 『朝日新聞』1952年11月26日。なお、これについて、吉国一郎・法制局長官は、「内閣法制局が統一見解として発表したものではない」と述べている。『第70回国会参議院予算委員会会議録第3号』1972年11月10日、25頁。

(52) 鳩山一郎『鳩山一郎回顧録』文藝春秋社、1956年、87 - 92頁。

(53) 三浦陽一『吉田茂とサンフランシスコ講和（下）』大月書店、1996年、194頁。

(54) 「1月29日総理ダレス会談」外務省公開文書マイクロフィルム番号B'0009、第6巻、0083 - 0084頁。

(55) 前掲書『鳩山一郎回顧録』117頁。

(56) 『第13回国会参議院予算委員会会議録第1号』1952年3月23日、4頁。

(57) 『第13回国会参議院法務委員会会議録第33号』1952年4月28日、7頁。

(58) 『第13回国会衆議院外務委員会会議録第6号』1952年2月27日、3頁。

(59) 前掲書『日米行政協定の政治史』197─210頁。

(60) MASSAGE,FROM:CINFE TOKYO JAPAN SGD CLARK, TO:DEPTAR WASH DC FOR JCS.NR:C52588,26032Z JUL.52,CCS383.21JAPAN（3-13-45）Sec.30,National Archives.

(61) 『第13回国会衆議院法務委員会会議録第32号』1952年4月14日、8頁。

(62) NSC125／2, "United States Objectives and Courses of Action with Respect to Japan" August7,1952. *FRUS*, 1952 - 1954,XIV,pp1300 - 1308.

(63) 『朝日新聞』1953年11月20日。

(64)(65) 『第19回国会衆議院外務委員会会議録第20号』1954年3月19日、6頁。

(66) 『第19回国会参議院外務・内閣・大蔵連合委員会会議録第2号』1954年4月22日、4頁。

(67) 『第19回国会参議院外務委員会会議録第20号』1954年3月19日、7頁。

(68) 『第19回国会参議院内閣委員会会議録第45号』1954年5月27日、10頁。

(69) 『第19回国会衆議院外務委員会会議録第28号』1954年3月29日、2頁。

(70) 『第19回国会衆議院内閣委員会会議録第20号』1954年4月6日、2頁。

(71)(72) 『第19回国会参議院内閣委員会会議録第42号』1954年5月24日、14頁。

(73) 『第21回国会衆議院予算委員会会議録第1号』1954年12月21日、15頁。

(74) 大村清一・防衛庁長官の答弁。『第21回国会衆議院予算委員会会議録第2号』1954年12月21日、1頁。

(75) 林修三『法制局長官生活の思い出』財政経済弘報社、1966年、99 - 100頁。

(76) 『朝日新聞』1954年12月21日。

(77) NSC5516 - 1, "U.S. Policy Toward Japan" April19,1955.*DNSC* - 5,1.

第2章 「対等」でない「対等」
―改定安保条約と自主防衛政策

1、自主防衛政策の模索

鳩山内閣と日米安保協力

　鳩山内閣は1954年に成立した後、翌1955年度予算における防衛分担金（行政協定第25条に規定された在日米軍の駐留経費に関する日本側の支払い分）を200億円削減するよう米国側に要求した。これに対して米国政府は当初、日本側の申し出を拒否すると共に「防衛費全体の枠組みを拡大する」旨を申し入れてきた (1) が、翌1955年4月、日本側に「尚一層の防衛努力をする」との条件を付した上、同分担金を178億円減額することに応じた (2) 。さらに同年度における日本の防衛予算は、前年度を17パーセント上回る増額ぶりを示した。このような防衛分担金の支出に関して、林修三・法制局長官は、「日米両国が合意した上で、行政協定第27条（同協定を実施するために必要な予算上・立法上の措置を定める）に基づき、国会の議決を経るか又は承認を得る手続きとなっている」 (3) と述べ、防衛政策に関する日本側の自主性・主体性を強調する旨を答弁していた。

　さらに同年の8月末、鳩山内閣の重光葵・外相は訪米し、ダレス国務長官と会談した。その際、重光は、日米関係を「対等」なものとするよう旧安保条約を改める意思を表明した (4) 上で、外務省条約局の手になる日米相互防衛条約試案（1955年7月27日作成）を提示した。そこでは、「西太

「対等」でない「対等」　31

平洋区域にある日米いずれかの領域又は施政権下にある地域への武力攻撃を自国の平和及び安全に対する脅威として、自国の憲法上の手続きに従って共通の危険に対処するため行動する」（第4条）と、日本の領域外での集団的自衛権の行使に踏み込む規定を盛り込んでいた。それと同時に、「本条約の発効と同時に、日本に配備された米軍は撤退する」（第5条）と、日本の自主防衛姿勢を打ち出していた。また、「西太平洋区域」の範囲としては、「日本本土、沖縄・小笠原、グアム島の米国領を含む」とする旨を米国側に伝えていた(5)。

　これに対して、ダレス等米国側は、旧安保条約の改定・相互防衛条約化に伴い米軍の日本駐留権及び米軍基地の放棄を求められることへの警戒(6)から、「日本は（自衛隊の）海外派兵ができないのだから、共同防衛の責任を負うことができない」(7)と重光の提案を拒否した。その一方で、米国側は、「日本側から、安保条約の適用領域を西太平洋付近に限定するとは言え防衛責任を持ち出すのは一歩前進だ」(8)と評価しており、会談後の同年8月31日に発表された日米共同声明には、「日本が出来るだけ速やかにその国土の防衛のための第一次的責任を執ることができ、かくて西太平洋における国際の平和と安全の維持に寄与することができるような諸条件を確立するため、実行可能な時はいつでも協力的な基礎に立って努力する」、「このような諸条件が実現された場合には、現行の安保条約（旧安保条約）をより相互性の強い条約に置き代えることを適当とする」との一節が盛り込まれた(9)。

鳩山内閣の国防政策

　上記した重光とダレスによる共同声明や重光による安保条約の改定を求めた発言をめぐり、国会では、「重光氏が防衛力の増強や憲法の改正も示唆したと言われるが、それを達成する際の限度を明らかにしておらず、自主的な防衛とは言い難い」との疑問が提起された。これに対して法制局長

官の林は、「共同声明では、日本が自国の防衛に第一義的な責任を負うことにより、西太平洋の平和と安全に寄与する、という形をとっている」(10) と答弁した。実は、共同声明からの引用文中の傍点部「かくて（その後に）」の原語はandとなっており、「かつ（同時に）」とも訳し得るものであったが、外務省は「かくて」の訳語を充てていた。これによって、日本政府側は、同声明が日本に自国領域外の防衛義務・責任（日米両国間での集団的自衛権の行使も含みうる）を直接に導くものではない、という体裁を採っていた。

　その一方で、日本政府は、翌1956年、「日本に対して急迫不正の侵害が行われ、その侵害の手段として誘導弾（ミサイル）等による攻撃が行われた場合、そのような攻撃を防ぐのに止むを得ない必要最小限度の措置をとること、例えば誘導弾等による攻撃を防御するのに、他に方法がないと認められる限り、誘導弾等の基地を攻撃することが、法理的には自衛の範囲に含まれ、可能であると考えられる」(11) との見解を表明した。これは、集団的自衛権の行使に論及しないものの、「日本が自国領域内の防衛に自主的に取り組む」という姿勢を示していた。

　しかし、同年３月の国会で、「日米両国が、行政協定第24条に基づいて日本区域を防衛するために必要な措置を採ったり、MSA協定第８条を根拠に国際緊張の原因を取り除くために日米両国間で合意した措置に踏み切る、と取り決めていても、日本には憲法第９条によって交戦権が認められていないので、例えば中国と台湾との間で武力行使を伴うような緊張した事態が生じた場合、日米間で共同軍事作戦を行うのは問題ではないか」との質問が提起された。これに対し、鳩山一郎・首相は「日本は自衛権を適用する以外には兵力を保持し得ないと思う」(12) と応え、林法制局長官も、「行政協定第24条は、日本区域で敵対行動及びそれが急迫した危険が生じた場合を規定しており、台湾海峡での事態に際して、日本が同条を根拠に米国と共同措置をとることはあり得ない」(13) と答弁し、日本が自国

の領域外で軍事行動に及ぶ事態を否定した。これは、日本を防衛するために他国のミサイル基地等への攻撃を可能とした政府の見解（上述）と矛盾する可能性を孕んでいた。

そして同年12月、日本は米国の後押しも功を奏して国連への加盟を実現した。その直後、外相の重光は国連総会の場で日本政府を代表して演説を行った。その中で彼は、「日本国憲法の前文に掲げる平和主義の精神は、国連憲章の目的及び精神に合致する」と述べたものの、日本が国際平和維持のために軍事面で協力するか否かについて具体的に言及しなかった(14)。

岸内閣の国防政策

同じ1956年の12月、鳩山内閣は国連への加盟を区切りとして総辞職した。後継の石橋湛山内閣が石橋首相の急病により約3カ月で退陣し、石橋内閣で副総理・外相の任にあった岸信介を首班とする内閣が成立した。

そして同年4月の国会で、「日本が核兵器を保有するのが憲法に違反するか否か」との質問に、法制局長官の林は、「現状では、原水爆のような核兵器を日本は憲法上持ち得ないと考えているが、将来、科学の発達によって如何なる核兵器が生まれるかは保証できない」(15)と答弁した。既に1955年12月、国会は原子力基本法を制定していたが、そこでは「原子力の研究、開発、及び利用は、平和の目的に限る」（第2条）と規定されたものの、核兵器の開発を明文で禁止する条項は含まれていなかった。そして同法の成立に際しては、中曽根康弘（後の首相）等、自主防衛力強化を主張する政治家の一派が、その推進役を担っていた。

この問題に関連して、上記の質疑応答があった翌日、日本政府は、「原水爆等、多分に攻撃的な性質をもつ核兵器を日本が保有することは、憲法が容認していないと考えられる」(16)とする政府見解を表明した。そして、この見解に対して、「憲法が日本に保持を禁ずる核兵器の内容」を質す問いかけに、林は、「原水爆のようなものは、大量殺戮をもたらし非常

に広範な被害を及ぼすゆえ、現状では日本を自衛するために使用すること
は考えられない」としつつ、「今後、原子核分裂あるいは原子力を利用す
る兵器を全て核兵器なるがゆえに保持を禁ずるというのは不条理であり、
個々の兵器の性質・実態に応じて判断する必要がある」⒄と、核兵器の
保持について柔軟とも取り得る答弁を行っていた。しかし、「核兵器の実
態を判断するための基準」については、具体的に論及していなかった。

　また、「日本は米国からの原子兵器の提供を拒否し得るか」との問い
に、林は、「それに関して安保条約・行政協定は規定していないが、米国
政府側は、日本政府の了解なしに核兵器を日本に持ち込まない方針を採っ
ている、と聞いている」とした上で、「この点は、安保条約を再検討する
際には、一つの問題となると考えられる」⒅と答弁した。

　既に日本政府は、1952年11月に発表した「戦力に関する見解」の中で、
「『戦力』の定義は、その国の置かれた時間的・空間的環境で具体的に判
断されなければならない」との政策方針を示していた（第1章を参照）。
それは当然、「核兵器が戦力に至らない程度の自衛力として容認され得る
か」を「科学の発達」という「時間的・空間的環境」で判断し得るとした
岸内閣及び法制局による見解・答弁と論理上の整合性を保っていた。

　さらに、「米軍が日本国内に核兵器を持ち込む可能性」を質された際、
林は、「安保条約や行政協定に、そうした（核兵器の持ち込みに関する可
否の）規定は設けられていないが、原水爆というものは、国際法上非常に
大きな問題を含む兵器であるゆえ、（持ち込みに関する）規定がないから
（持ち込みが）可能という解釈には直ちに結びつかず、条約の当事国の意
思を重要な要素として判断される」⒆と答弁していた。これは、日米間
の安全保障協力に際して、日本側の自主性を主張する内容となっていた。

安保条約改定への胎動

　翌1957年6月、岸信介・首相は米国を訪れて、アイゼンハワー米国大統

「対等」でない「対等」　35

領との首脳会談に臨んだ。その席上で岸は、「現行の（旧）安保条約を締結した当時は、米軍が非武装状態の日本を防衛する際の全責任を負っていたが、今の日本は自衛隊を保有し、自国の防衛責任を米軍と分担している」と指摘した上で、「現行の安保条約の下で、日本に駐留する米軍の使用は米国の一方的な決定に委ねられているが、我々はこれを日本側と協議することにしたい」と発言した [20]。

これに対してアイゼンハワーは、「米国は西太平洋における日本の重要性を認識しており、米国の基本政策は、日本との友好を維持発展させることにある」と、岸の発言に理解を示した。そして会談の後、両首脳は、「日米両国の関係は、両国に有益な主権の平等、相互的利益及び協力という確固たる基礎に立脚するものである」とする共同声明を発表した [21]。

さらに、同年９月、日米両国政府は、「安保条約と国連憲章との関係に関する交換公文」を締結した。これは、「日米安保条約に基づいて（日米両国によって）執られることがある措置は、国連憲章第51条（国連の加盟国が個別的・集団的自衛権を行使する際の条件を定める、第１章を参照）が適用される時はいつでも、同条の規定に合致しなければならない」として、日本に駐留する米軍が国連憲章の枠組みを越えて恣意的に安保条約を運用するのに歯止めをかけることを意図した [22] ものであった。

この後、日米両国政府は、岸内閣の藤山愛一郎・外相とマッカーサー駐日米国大使を中心として、旧安保条約の改定に着手した。そして、翌1958年10月４日、同条約を改定するための交渉が東京で開始された。その席上、米国側が提出した安保条約の改定案（10・4案）は、「各締約国は、それぞれの施政の下にある太平洋の領域あるいは地域に対する武力攻撃が、自国の平和と安全を危うくするものであると認め、自国の憲法上の手続きに従って共通の危険に対処するように行動することを宣言する」（第５条）として、条約の適用範囲が日本の領域外に及んでいた [23]。これは、「自衛隊が海外出動以外の方法によって太平洋地域の防衛に寄与する

のは、日本の憲法の範囲内で可能である」とする、米国側の論理を反映したものであった (24)。

この「10・4案」は報道機関によって公表されると、国会でも審議の俎上に上った。同じ月、「安保条約の改定によって沖縄の施政権が一部日本に返還された場合、日本に沖縄を防衛する義務が生じるか」との質問に、法制局長官の林は、「現状において米国は沖縄への施政権を全面的に行使しているので、日本に沖縄を防衛することを認める義務を負っていないが、仮に日本に沖縄の防衛を認めるとすれば、沖縄は日本の領土であるゆえ、防衛義務を負うと考えられる」 (25) と、米国政府の方針に配慮する旨を答弁した。また、「米国が中国（台湾）や韓国との間に結んでいる安全保障条約の適用範囲には、沖縄や小笠原が含まれるのか」との問いには、「含まれると考えられる」 (26) と応えていた。

しかし、この答弁に対しては、与党である自民党の内部から、「沖縄を共同防衛区域に含めて新たな日米安保条約を結ぶと、日本・米国・韓国・台湾の間で実質的なNEATO（北東アジア条約機構）への道が開きかねない」との批判が上がった (27)。同じ年の8月には、中国が台湾との間で帰属を争っていた金門・馬祖島を攻撃し、東アジアでは緊張が高まっていた。

法制局と安保条約改定

翌1959年2月、藤山外相は、自らの作成した安保条約の改定案（藤山試案）を、政府・与党首脳会議で説明した。同試案は、「条約の適用地域を日本政府の施政権が及ぶ範囲（在日米軍を含む）に限り、沖縄・小笠原を含めない」として、自衛隊による日本の領域外への出動には言及していなかった (28)。

この「藤山試案」に関連して、「日米両国による共同防衛地域に加えて、条約適用地域というものが別に存在するのか」との問いに、林法制局

「対等」でない「対等」 37

長官は、「安保条約では日本が防衛行動を取り得る範囲（共同防衛地域）は限定されるが、現行の安保条約（旧安保条約）に見られるような米軍が行動し得る区域が、新たな安保条約に規定されるのなら、それは一種の条約適用地域かも知れない」(29) と答弁した。こうした条約の適用区域に関する答弁は、いずれも米軍の活動に便宜を図ることを強く念頭に置いたものと言えた。

さらに、林は、「安保条約に基づく米軍の日本への駐留及び日本国内基地の使用は、日本に戦力の保持を禁じた憲法第9条に違反するのではないか」との問いに、「駐留米軍は、日本の保有する戦力には該当しない」(30)、「日本は主権国家の意思として米国と安保条約を結んでいる」(31) と、従来通りの見解を繰り返した。加えて、「日本に駐留する米軍の目的が、自衛権を行使する範囲内であるか否かについて、日本の憲法は何ら制約していない」(32)、「日本の憲法上核兵器の保持に関して制約を受けるのは自衛隊にとどまり、米軍への制約は及ばない」(33) と、答弁には米軍への配慮を強くにじませていた。加えて、「米軍に燃料等を提供する補給業務や、病院等での救護活動は、朝鮮戦争の際にも行っており、（日本側が）極東の平和と安全を守るために米軍と一体化して補給・救護に当たっても憲法上違反ではない」(34) と、米軍への便宜供与を肯定した。

その一方で、林は、「日本が、武力による攻撃を受けた外国を、日本の国外で（自衛隊を用いて）援助する、という意味での集団的自衛権を行使することは、憲法第9条に照らして認められない」(35)、「行政協定第24条に基づいて日米両国が協議した結果、自衛隊が直ちに米軍の指揮下に入るという事態は考えられない」(36) と、日本が自国の防衛以外に軍事面で活動することに否定的な見解を繰り返した。しかし、「在日米軍基地への攻撃を、自衛隊と米軍が共同して防衛することが集団的自衛権の発動に当たるか」との問いには、「自国を防衛する際に他国の協力を仰ぐのを集団的自衛権の行使と理解すれば、日本に集団的自衛権がないとは言えない」

と留保しつつ、「日本国内の米軍基地・施設等への攻撃は、日本の領域に対する攻撃に他ならず、これに反撃するのは、日本にとっての個別的自衛権の行使と説明し得る」(37) と、「集団的自衛権の行使」と認めるのを拒む姿勢を崩さなかった。

　以上の法制局側による答弁は、「自衛隊の海外出動以外の方法で日本が太平洋地域の防衛に貢献し得る」とする米国側の論理（前述）と、軌を一にするものであった。

2、改定安保条約の成立

改定安保条約の調印

　岸首相自身は、石橋湛山内閣の外相に就任した直後、「広大な西太平洋における平和維持の考え方の一環として、日本が防衛していかねばならぬ問題もある」(38) と語っていた。その一方で彼は、旧安保条約を「（米国による）占領体制の残滓」と捉え、これを「日本が米軍の駐留を受け入れる義務と、米国が日本を防衛する義務が対等な関係にある」という形に改定することを当面の目標と定めていた。そして、安保条約の改定後には、日本が米国を守るために「海外出動」が可能となるように憲法第9条を改めたうえ、安保条約を日米両国が相互防衛義務を負った双務的・公平な内容に再改定することを意図していた (39)。それゆえ彼は、1958年の10月、「10・4案」（前出）を外務省側から説明された際、「日本が朝鮮半島や台湾をめぐる戦争に巻き込まれるのは（時期尚早で）好ましくない」と、安保条約の適用範囲が「極東」から「太平洋地域」に拡大されることに強い警戒感を示していた (40)。

　他方で、マッカーサー大使は同年11月、ダレス国務長官宛の電報で、「条約改定案の第5条を修正し、条約の包含する地域を日本本土と沖縄・

「対等」でない「対等」　39

小笠原諸島に限定すべき」ことを主張した (41)。しかし、翌1959年の5月、藤山外相はマッカーサー大使に、「10・4案」が「太平洋地域」を適用範囲とすることに難色を示し、結局、同年6月、日米両国政府は、同案から「太平洋地域」という文言を削除することに合意した (42)。これによって、改定後の安保条約が適用される範囲から、沖縄・小笠原諸島は除外された。

　そして、翌1960年1月19日、米国の首都ワシントンで、改定安保条約が調印された。

　同条約は前文で、「（日米）両国が国際連合憲章に定める個別的又は集団的自衛の固有の権利を有している」とした上で、「各締約国が日本国の施政の下にある領域における、いずれか一方に対する武力攻撃が、自国の平和及び安全を危うくするものであることを認め」、「共通の危険に対処するように行動する」（第5条）として、旧安保条約に盛り込まれなかった米国の対日防衛義務を規定した。その一方で、同条約には、集団的自衛権に基づく日本の対米防衛義務は規定されず、「日本国の安全」及び「極東における国際の平和及び安全に寄与するため」に、米軍が「日本国において施設及び区域を使用することができる」（第6条）とされた。これは、「日本による対米防衛義務の欠落」を「基地等の提供による対米便宜供与」で補償するという、旧安保条約と同様の構造を具体化したものであった。そして、同条の運用に際し、「日本に駐留する米軍の配置・装備における重大な変更、戦闘作戦行動（第5条の場合を除く）」については、「日米両国政府が事前に協議（事前協議）する」とした交換公文が取り交わされた。これは、主権国家として日本と米国が「対等の関係」に立脚した上で、「日本は米軍のために基地を提供し、基地における（米軍の）ある種の行動を認める」 (43) ことを意図したものであった。

　また、条約の適用範囲とされなかった沖縄に対しては、日米両国間の合意議事録（沖縄有事議事録）により、「沖縄諸島に対する武力攻撃又はそ

の脅威が発生した場合、日米両国政府は直ちに協議し、（防衛を含む）必要な措置をとる」ものとされた。さらに、米軍が日本に駐留する際の条件を定めた行政協定は、「在日米軍の地位に関する日米協定（地位協定）」へと大枠が継承された。これに加えて、朝鮮有事に際して国連軍の傘下にある米軍の活動に関しては、「吉田・アチソン交換公文等に関する交換公文」を締結し、「日本国内の基地・施設の使用を日米両国間における事前協議の対象とする」と定められた。

砂川事件の判決と「統治行為論」

改定安保条約の締結交渉が本格化する前の1957年7月、東京都砂川町（現在の立川市）の米軍基地が拡張されるのに反対する集団の一部が同基地内に侵入したことで旧安保条約第3条に基づく刑事特別法違反に問われた（砂川事件）際、東京地方裁判所は1959年3月、「日本政府が米軍の駐留を許容したのは、（米軍に対する日本政府の）指揮権の有無、米軍の出動義務の有無に関わらず、日本国憲法第9条第2項によって禁止される『戦力の保持』に当たり違憲であり、刑事特別法（上述）に設けられた罰則は日本国憲法第31条（刑罰を科す際には法律に基づく適正な手続きを要する）に違反する」として無罪判決を下した。そして同月の国会で、「憲法と条約のどちらが優先するのか」との質問に、林法制局長官は「安保条約との関係で言えば、日本政府は『米軍の戦力は憲法第9条で保持を禁じた対象ではない』との立場を採っており、憲法と条約との優劣関係が問題とはならない」(44) と答弁した。

一方、検察側は一審判決に対して最高裁判所に跳躍上告を行い、同年12月、最高裁大法廷は、「憲法第9条は日本が主権国家として保持する固有の自衛権を否定しておらず、同条が禁止する『戦力』とは日本国が指揮・管理し得るものを指すゆえに、外国の軍隊は該当せず、米軍の駐留は憲法及び前文の趣旨に反しない」とした上で、「憲法第9条は日本がその平和

と安全を維持するために、他国に安全保障を求めることを何ら禁じていない」と述べ、安保条約による日本の安全保障を事実上容認する見解を表明した。さらに、「安保条約のように高度な政治性を有する条約は、一見して極めて明白に違憲無効と認められない限り裁判所の審査権が及ぶ範囲外にあり、その合憲か否かの判断は、内閣及び国会の判断、終局的には主権者としての国民の判断に委ねられるべきである（統治行為論）」を援用して、地裁の判決を破棄し差し戻した。この後、再度審理を行った東京地裁は、1961年3月、罰金2千円の有罪判決を言い渡し、同判決の上告を最高裁は1963年12月に棄却して有罪が確定した [45]。

　砂川事件の最高裁判決における「駐留米軍と憲法第9条との関係」や「条約に対する司法判断の是非」の箇所は、林法制局長官による答弁（上述）のみならず旧安保条約が締結される前後の時期に法制官僚が表明した見解（第1章を参照）と軌を一にしたものとなっていた。また、1959年7月、田中耕太郎・最高裁長官は、駐日米国公使と会談した際、「大法廷判決が実質的な全員一致を生み出し、世論を揺さぶるもととなる少数意見を回避するようなやり方で運ばれることを願っている」 [46] と、米軍の駐留を「合憲」と判断することで米国に便宜を図るような見解を述べていた。

集団的自衛権をめぐる答弁

　調印された後の改定安保条約は、国会で批准を得るため審議の俎上に上った。

　まず、「在日米軍基地への攻撃に対して日本が反撃する際の法的根拠」への質問に、林法制局長官は、「こうした攻撃は日本の領域への侵犯を伴うため、当然日本への攻撃となり、日本は個別的自衛権を発動し得る」と、従来通りの見解を述べた上、個別的自衛権や集団的自衛権という定義上の「個別的」、「集団的」という文言の意味について、「個別的とは（自国が）単独という意味でなく、自国を守るということを意味してお

り、集団的とは（国家が）多数という意味でなく、自国と密接な関係にある他国を守るという意味である」(47)と答弁した。これは、「日本への攻撃を自衛隊と米軍が共同で防衛する事態」を、「集団的自衛権の行使」という概念から除外する論法となっていた。さらに林は、「米国が攻撃を受けた場合に日本が米国本土自体を守るという意味での集団的自衛権（の行使）が、日本には認められないのではないか」、「米軍と自衛隊が共同して日本を守る場合、米国は集団的自衛権を行使することになるが、日本は個別的自衛権を行使することになる」(48)と、集団的自衛権の行使を認めない答弁を続けた。

　この集団的自衛権については、ケルゼン（国際法学者）による「二ヶ国または数ヶ国の間で、そのいずれか一国に対して第三国が攻撃を加えた場合、相互に援助・防衛することを約束したもの」と、バウエット（同）による「他国に対する武力攻撃が自国への攻撃と看做される場合に発動するもの」という二つの定義があった(49)。両者を比較すると、ケルゼンが「自国の防衛」と並んで「他国の防衛」を重視するのに対し、バウエットは「他国の防衛」を強調していた。法制局は、バウエットの解釈に依拠して、「日本は対米防衛義務を負わないゆえ、集団的自衛権を行使しない」という論法を構成したと指摘できよう。

　その一方で林は、「（自衛隊の）海外派兵のようなものは、集団的自衛権の行使に該当するので日本には可能ということにならないが、米軍への基地の供与あるいは経済的援助等を集団的自衛権の行使というカテゴリーに属すると考えるならば、そういう意味での集団的自衛権の行使はある」(50)と応じるなど、米軍への便宜を配慮していた。そして、この点に関して、既にマッカーサー駐日米国大使は、1958年2月、ダレス国務長官宛の書簡で、「米国が日本国内にある非常に重要な軍事・兵站基地のいくつかを使用し続けることが可能ならば、かなり限定された範囲を除いて、日本が来援にコミットすることは不可欠ではない」(51)と記していた。こ

「対等」でない「対等」　43

れは、「改定後の安保条約における日本の役割は、対米防衛義務でなく基地提供義務で充足し得る」という見解の表明に他ならなかった。

「事前協議」をめぐる答弁

　安保条約第6条に関する交換公文で「事前協議」の対象とされる「装備における重大な変更」の内容に関して、林法制局長官は、「核兵器やICBM（大陸間弾道弾）等を指しており、日本政府としては、こうした兵器の持ち込みを認めない方針を採っており、事前協議の結果、日本が（持ち込みに）同意して日本に核兵器が持ち込まれることは考えられない」(52) と答弁した。これに関して、法制局は外務省や防衛庁と協議した上、「核兵器の持ち込み」には、「軍艦等が核兵器を搭載したままで日本への寄港・通過を行うことも含む」とする答弁方針を作成していた (53)。

　また、地位協定第5条第3項で定める「米国の船舶が通常の状態で日本に入港する際に適当な通告を行う義務」が同協定に関する合意議事録で「米軍の安全のため又は類似の理由によって免除される」という取り決めに関し、「この規定を盾に米船が核兵器の搭載を通告せずに日本に入港する可能性があるのではないか」との質問に、林は、「核兵器の日本への持ち込みは事前協議の対象とされており、（地位協定）第5条によって核持ち込みに際しての通告の要否という問題とは別である」(54) と応じた。これは、「核兵器の持ち込みに対して事前協議が有効である」とする姿勢の表れとも言えた。

　さらに、米軍の行動に対する事前協議の適用については、「米軍は、極東か否かの地域を問わず、米国が集団的及び個別的自衛権を発動し得る範囲内で行動することが可能だが、その場合、日本国内に駐留する軍隊を使用する際には、事前協議の対象となる」(55) と答弁した。この問題に関連して、改定安保条約が調印された同じ日に岸首相とアイゼンハワー米国大統領とが発表した共同声明では、「事前協議の際、米国政府は日本政府の

44

意思に反して行動しない」⑸ 旨が述べられていた。しかし、藤山外相は「日本が核武装することを（協議で）要求された場合は拒否する」としつつ、「それ以外の議題については、同意も拒否もあり得る」⑸⑺ と答弁していた。

また、安保条約第6条における「極東」の範囲について、岸首相は「大体フィリピン以北並びに日本及びその周辺の地域で、韓国及び台湾も含む」⑸⑻ という見解を表明する一方で、「極東ではないが、その周辺で発生した（武力紛争等の）事態が、極東の平和及び安全に影響する場合には、日米両国政府は協議する」⑸⑼ とも答弁した。これは、米軍が極東の範囲を越えて日本国内の基地から出動することへの便宜供与に含みを持たせるものとなっていた。既に前年の秋、日本政府は米国政府に、「極東の範囲に関する打ち合わせ」や「第6条自体の削除」を申し出ていたが、米国政府はこれらを拒否していた ⑹⁰ 。

自衛隊の防衛行動をめぐる答弁

また、林は、安保条約第5条に基づく自衛隊の防衛行動について、「日本の領土、領海、領空に対して加えられた武力による侵害を、必要な限度で排除すること」⑹¹ と答弁した。その上で、「そうした防衛行動が日本の領域内にとどまるのか」との問いには、「（日本に対する）侵害の態様によって、（防衛行動は）具体的に異なると思うが、日本の領域には限られず、公海・公空に及び得る」⑹² と、自衛隊の日本国外への出動に含みを持たせていた。

さらに、「沖縄有事議事録」に関連して、「現行憲法上、日本による個別的自衛権の行使は日本の施政権が及ぶ範囲に限られると解釈されるゆえ、米国が対日講和条約第3条に基づいて沖縄に施政権を行使している以上、沖縄・小笠原諸島を日米両国の共同防衛地域とするのは問題がある」ものの、「沖縄の施政権のうち一部が日本に返還されるのならば、問題は

異なる」(63) と、米国側の意向に配慮した答弁を行った。しかし、「日米間の協議により米国が日本に沖縄への自衛権の行使を認めるのならば、自衛隊による沖縄の防衛は憲法違反にならないということか」との問いには、「それは沖縄有事議事録の範囲外であり、安保条約に関わる問題だ」(64) と、自衛隊による対沖縄防衛の実施には消極的な姿勢を示した。

また、自衛隊の国外出動に関連して、「日本が敵国の領域内で自衛権を行使するのは行き過ぎだが、自衛隊の国連軍あるいは国連警察軍への派遣は、自衛隊の国外出動とは別個の問題だ」(65) との見解を表明した。しかし、既に1958年、日本政府は、中近東のレバノンで活動する国連のPKO（紛争地域に小規模な軍隊等を派遣して安定化を図る）部隊に自衛隊を派遣するよう国連から要請された際、「憲法よりも自衛隊法に違反する疑いがある」として応じていなかった (66)。

なお、岸首相は、核兵器の保有に関連して、「核兵器と名がつけば、今後どのような兵器が発達したとしても、日本が持つことが全て憲法に違反する、という解釈は採らない」(67) と既に答弁していた。これは、法制局による解釈（前出）と軌を一にするもので、自衛力の保有に関する日本の自主性を強調したものと言えた。

そして、同時期に作成された米国政府の内部文書では、「日本の自衛隊は、現状において自国内の治安維持を担い得るが、通常兵器による日本への攻撃に対する防衛能力は限定され、核兵器による攻撃から自国を守る能力は一層限られる」(68) と記していた。ここには、日本を「軍事面における補佐役」と位置付ける米国の政策方針と、「日本が自国領域外で集団的自衛権を行使して防衛活動を担い得るか」についての懐疑が示されていた。

米軍への便宜供与をめぐる答弁

また、「米軍が戦闘活動に入る前に、日本国内の基地・施設等に属さな

い港湾等を使用するのに反対する」との意見に、林法制局長官は、「米軍が安保条約第6条に基づいて日本国内の基地・施設を使用するのは、日本及び極東の平和と安全に寄与するためである」、「そうした基地・施設以外の港湾等は貿易等のために解放されているのであって、米軍の作戦基地となることは安保条約も地位協定も想定していない」とした上で、「米軍が軍事行動以外の技術的な理由に基づいて基地・施設以外の港湾等を使用することは認められる」[69]と答弁した。しかし、地位協定第5条第3項に関する合意議事録は、米国船舶の日本入港時における通告義務が「米軍の安全のため又は類似の理由によって免除される」と取り決めており（前述）、林の答弁は、「米艦が目的を秘匿したまま在日米軍基地・施設以外の港湾等に寄港するのを許容し便宜を図る」という論理上の帰結を伴っていた。

　さらに、林は、「吉田・アチソン交換公文等に関する交換公文」が定める「国連軍として活動する米軍が在日米軍基地等を使用する際に事前協議する」との取り決めについて「通常の米軍としての活動と別に規定するのは重複しており、不必要ではないか」との問いに、「日本が米軍に行う後方・兵站支援は、米軍が独自に活動する場合には日米安保条約、米軍が国連軍として活動する場合には、吉田・アチソン交換公文に基づいて行う」[70]と答弁した。しかし、朝鮮半島に駐留する国連軍の司令官は、在韓米軍及び米陸軍第8軍の司令官を兼務しているゆえ、その業務を厳密に区別するのは事実上困難であり（第1章を参照）、林の答弁は、米軍への便宜供与の拡大を事実上容認するものであった。さらに、前出した米国政府の内部文書は、「朝鮮国連軍に対する緊急事態（武力攻撃等）に際して、在日米軍が国連軍の指揮下に入って速やかに行動し得るために日本国内の基地・施設を使用するように安保条約等を運用する」[71]と記しており、事前協議に関して日本側が何らかの便宜を図るように求めることが示唆されていた。

「対等」でない「対等」　47

また、林は米軍が日本に駐留する際の形態に関して、「改定される安保条約では米軍の有事駐留（日本に武力攻撃等が発生した場合、米軍が日本の領域外から来援するのを基本とする）を排除してはいないが、常時駐留（米軍が日本国内の基地に配置されて日本への危機に備える）を想定して条約を作成している」、「仮に米軍が日本に常時駐留していなくとも、安保条約第5条に基づく米軍の対日防衛義務は有効に機能する」(72) と応えていた。実際、在日米軍の基地・施設数、土地面積、兵力数は、1952年にそれぞれ2,824件、1,352,636平方キロメートル、26万人から、1960年には241件、335,204平方キロメートル、4万6千人へと削減・縮小されており(73)、この点における日本側の自主的な姿勢を、林の答弁は強調するものとなっていた。

　この後、同年5月15日深夜（同16日未明）、自民党は衆議院で改定安保条約を単独で採決に及び、可決した。これに反発した野党等が国会の周辺を中心に激しい安保反対運動を繰り広げ、その影響で参議院では安保条約を批准するための審議の開催が困難となった。結局、憲法の規定により、衆議院での可決が国会全体の意思と見なされ、翌6月16日、改定安保条約は自然成立という形で事実上批准された。その後、岸首相は、「改定安保条約の成立に伴い日本の国内に大きな混乱をもたらした責任を取る」と辞任し、後任には、同じ自民党の池田勇人（吉田茂・元首相の後継者）が就任した。そして同年11月に行われた衆議院の総選挙で、自民党は解散前を上回る議席を獲得して勝利を収めた。最高裁の言葉を借りれば、国民は主権者として「自民党の結んだ改定安保条約に基づく安全保障政策路線」を容認したと言えた。

3、自主防衛政策の転換

池田内閣の国防政策

　翌1961年の国会で、「自衛隊が核兵器を日本で製造するなり外国から調達するなりして保持するのは、それが小型か防御用かを問わず、『原子力の研究・開発及び利用は平和目的に限る』とした原子力基本法第2条に違反するのではないか」との質問に、林法制局長官は、「自衛隊が核兵器の研究・開発を行うのは、一種の軍事目的を伴うゆえ、原子力基本法に抵触すると思われる」としつつ、「将来、憲法の範囲内で自衛隊が核兵器を開発したり保有したりする際には、原子力基本法とも調整する必要がある」(74) と応え、自衛隊による核兵器の保有に含みを残していた。これは、「憲法第9条に定める自衛の範囲内においては、日本が核兵器の保持を全面的に禁じられていない」とする答弁（前出）と軌を一にするものであった。

　また林は、同年の国会で、「日本に許容された自衛権の範囲」に関し、「日本を攻撃してきたミサイルを日本の上空で撃墜すれば問題はないが、それが困難で、敵国のミサイル発射基地を攻撃する以外に自衛する方法がない場合、当該基地を攻撃するのは、観念上、自衛権の行使に含まれる」と従来からの見解（前出）を繰り返す一方で、「そうした基地攻撃用の手段を常時保有するのは、憲法第9条第2項の精神に照らして難しいと思われるので、その攻撃を米軍が行うのが、国際法上違法ではない」(75) と答弁した。これは、「安保条約に基づいて米国に対日防衛を依存する」という姿勢の表れに他ならなかった。

　そうした最中の同年2月、松平康東・国連大使は外務省で開かれた懇談会と記者会見の場で、「日本が国際協力を謳いながら国連軍への参加を一切断るという態度を取るのでは首尾一貫しないので、今後はせめてオブザ

「対等」でない「対等」　49

ーバーを国連に派遣したい」(76) という見解（松平発言）を発表した。この発言に先立ち、林は国会で、「国際連合憲章に規定される軍事的協力、あるいは国際警察活動への協力には、兵力を必ず出さなければならないとは限らず、日本が国連との間に結んでいる国連軍地位協定（1954年、第1章を参照）のように、兵力の提供以外の方法もあり得る」、「日本が自衛権の範囲を越えて自衛隊を海外派兵しない、と憲法で規定していても、それは国連憲章違反とはならない」とした上で、「国連警察軍というものが作られた際、そこに日本が自衛隊を派遣するのが如何なる場合でも憲法に違反するかというと、考慮しなければならない問題がある」、「当該警察軍の設置経緯及びその任務、その例として選挙の監視、純粋の警察目的等によっては、日本の憲法が禁止していない範囲で協力するために自衛隊を提供することもあり得ないことではない」(77) と答弁し、国連による安全保障活動への自衛隊の参加を完全に否定してはいなかった。また、池田首相も、「松平発言」の後、「国連警察軍への日本の参加は、その警察軍の目的、任務、機能、組織等から考え、具体的な事例ごとでないと判断できない」(78) と、林の答弁に沿った見解を表明した。

　その一方、同時期に米国務省の作成した政策文書には、「日本の国内に限定されている同国の防衛面での貢献を拡大する必要がある」、「国連の平和維持活動に自衛隊を参加させるように促すことが重要である」(79) と、自衛隊の国外での活動を求める内容が記されていた。

事前協議の政府解釈

　同じ1961年4月の国会で、「米国海軍の第7艦隊が日本及び極東で活動する際、それは事前協議の対象となるか」という質問に、林法制局長官は、「安保条約中に、『在日米軍』という文言は盛り込まれておらず、それは事実関係として存在するもので」あり、「第7艦隊は日本に拠点を持っていないゆえ、在日米軍ではない」とした上、「在日米軍であるか否か

を問わず、日本を作戦行動の拠点として行動する場合には、事前協議の対象となる」が、「戦闘作戦行動には、燃料・食糧等を補給するための活動は含まれず、日本の港湾施設に単なる補給基地として寄港する場合は、事前協議の対象とはならない」(80) と答弁した。さらに、「戦闘中の部隊に武器を運ぶのは（事前協議の対象となる）戦闘作戦行動の一部だが、艦隊に水や弾薬を補給するのは戦闘活動とは言い難い」としつつ、「戦闘作戦行動」と「補給」を区別する基準については、「実際の事実問題で判定するより他はなく、（日米両国が）常時協議して決めていく」(81) と述べた。その後、1962年5月、米国防総省がラオスの国内情勢が緊迫化したのに対処するため、在日米軍基地から軍用機をタイに移動させたことに対し、外務省は「タイは非交戦国であり、米軍が日本の基地から直接交戦国に出動しているわけではないので、事前協議の対象とはならない」と、米軍に便宜を図る方向での見解を表明した (82)。

　さらに1964年の1月、「第7艦隊が九州の別府を基地として使用していることに事前協議が適用されていないが、こうした寄港を認める旨は、安保条約の第5条、交換公文、地位協定、合意議事録のいずれにも記載がない」との質問に、内閣法制局（1962年7月より法制局から名称を変更、以下法制局とも略す）長官の林は、「こうした基地・区域以外の港湾施設への入港は、安保条約及び地位協定第5条に基づく」(83) と、米軍側に違反がないとの見解を表明した。

　また、同年の2月、「米軍機が日本国内の基地から飛び立った後、（沖縄等）日本国外の基地に短時間立ち寄った上で軍事行動に出るのが、事前協議の対象とならないというのは、日本の安全保障上、不安材料となるのではないか」との質問に、林は、「戦闘に行く途中で短時間立ち寄って給油するというのは軍事行動と見なし得るが、単に基地を移動するような場合は、戦闘作戦行動の基地とすることとは違う」、「こうした立ち寄りや移動が事前協議の対象となるか否かは、それぞれの実態によって決ま

「対等」でない「対等」　51

る」(84) と答弁していた。

　しかし、ここで問題となっている、「戦闘作戦行動」を判定する際の具体的な基準は、安保条約の本文及び第6条に関する交換公文等でも明確にされていなかった。これに加えて、日本政府が、「事前協議後の回答には、同意も拒否もある」という姿勢（改定安保条約を批准する際の国会での答弁、前出）を採る限り、結果として米軍が日本を拠点あるいは経由地として活動する際に大幅な自由裁量を与えることに結び付くものであった。そしてそれは、「極東に展開する米軍が最優先で後方・兵站支援を享受し得るように、日本国内に米軍基地及び部隊を維持する」(85) という米国政府の方針とも一致していた。

原子力潜水艦の寄港問題

　1963年1月、米国のライシャワー駐日大使は、同国海軍の原子力潜水艦が日本に寄港するのを承認するよう、日本政府に申し入れを行なった。これを受けた国会の審議において、「米海軍の保有する原子力潜水艦は、ノーチラス型（魚雷を搭載する）かポラリス型（弾道ミサイルを搭載する）かを問わず、核分裂によって動くゆえ、原子兵器であり、『装備における重要な変更』を対象とした事前協議に抵触し、日本への寄港が認められないのではないか」という問いに、林内閣法制局長官は、「『装備における重大な変更』の対象には、核兵器が含まれる」(86) との見解を表明した。その上で彼は、「核兵器（原子兵器）とは、核分裂反応あるいは核融合反応により、人あるいは物を殺傷・破壊するために用いられる兵器、及びそれに密着した中距離・長距離弾道弾の発射装置であると考えており、艦船が推進する際にのみ原子力を使用する場合は、いわゆる核兵器には属さない」(87) と答弁した。その後、翌1964年8月、日本政府は、「原子力潜水艦の寄港については、ノーチラス型のみを認め、ポラリス型を除外し、また、核兵器付き魚雷を搭載した場合も不可とする」と閣議で決定し、同年

52

11月、米国海軍の原子力潜水艦シードラゴンが九州の佐世保に入港した。

その一方で林は、「自衛隊が原子力潜水艦を保有するのは、それが国産であろうと米国製であろうと、原子力基本法に定める『核の平和利用』とは言い難い」(88)、「原水爆や大陸間弾道弾のようなものは、日本にとって自衛のために必要な最小限度の実力とは考え難く、憲法の枠から逸脱している」(89)と、「日本自体が核兵器を保有することは一定の制約を受ける」という従来からの見解を表明し続けていた。そして同じ時期、米国政府内部で作成された政策文書では、「日本人の間には、核兵器に対する強い嫌悪感があり、実際に日本政府が核兵器分野に参入するという兆候があれば、世論からの大きな反対に遭遇するに違いない」(90)との分析がなされていた。さらに、当時の米国は、核兵器が世界規模で拡散することに強く反対する姿勢を固めており(91)、同兵器の保持に慎重な構えを示す日本政府の方針は、米国の意に沿ったものと言えた。

そして同年12月、「事前協議の結果、日本に核兵器が持ち込まれるのを日本側が拒否する根拠・保障が明確化されていないのではないか」との問いに、高辻正己・法制局長官（林修三の後任）は、「事前協議の対象となる『重要な装備の変更』には、核弾頭、中距離・長距離ミサイルの持ち込み並びにそれを使用する基地の建設を含むと、日米両国政府間では口頭で了解されている」(92)と答弁していた。しかし、安保条約の改定交渉時、日本政府側は「核兵器の持ち込み」を、「大型の核兵器が日本の国内に貯蔵・保管されること」と捉え、「核兵器を搭載した艦船が日本及び領海内で寄港・通過すること」を問題として取り上げていなかった(93)。

また、同じ年、米国はベトナムでの軍事介入（ベトナム戦争）を本格化させ、多数の米軍基地を擁する日本は、軍事戦略上重要な拠点としての役割を担うこととなった。そして、同時期、米国政府の内部文書（前出）では、「日本が自国内に制限している軍事面での協力を拡大させる必要がある」(94)との一文が盛り込まれていた。

「対等」でない「対等」 53

[注]

(1) 『朝日新聞』1955年2月8日。

(2) 前掲書『鳩山一郎回顧録』161頁。

(3) 『第22回国会衆議院予算委員会議録第12号』1955年5月13日、20頁。

(4) 前掲書『戦後日本と国際政治』82頁。

(5) 外務省公開文書、『朝日新聞』2001年7月16日、2002年7月8日。

(6) 坂元一哉『日米同盟の絆』有斐閣、2000年、160-161頁。

(7) 河野一郎『今だから話そう』春陽堂書店、1958年、100頁。

(8) 外岡秀俊他『日米同盟半世紀』朝日新聞社、2001年、148頁。

(9) 前掲書『日米関係資料集』349頁。

(10) 『第24回国会参議院内閣委員会会議録第33号』1956年4月26日、19頁。

(11) 船田中・防衛庁長官の発言。『第24回国会衆議院内閣委員会議録第15号』1956年2月29日、1頁。

(12) (13) 『第24回国会参議院内閣委員会会議録第14号』1956年3月15日、9頁。

(14) 『朝日新聞』1956年12月19日。

(15) 『第26回国会参議院内閣委員会会議録第25号』1957年4月24日、9頁。

(16) 小滝彬・防衛庁長官の答弁。『第26回国会参議院内閣委員会会議録第26号』1957年4月25日、1頁。

(17) 『第26回国会衆議院科学技術振興対策特別委員会議録第36号』1957年5月8日、12頁。

(18) 『第26回国会衆議院外務委員会議録第24号』1957年5月15日、20頁。

(19) 『第22回国会衆議院予算委員会議録第19号』1955年5月25日、23頁。

(20) 日米首脳会談の経緯は、前掲書『日米同盟半世紀』175-190頁。

(21) 前掲書『日米関係資料集』397-400頁。

(22) 前掲書『戦後日本と国際政治』133頁。

(23) 外務省開示文書、『朝日新聞』2002年7月8日。

(24) 東郷文彦（当時、外務省アメリカ局安全保障課長として旧安保条約の改定に携わった）の証言。前掲書『戦後日本と国際政治』188頁。

(25) 『第30回国会衆議院内閣委員会議録第5号』1958年10月23日、10頁。

(26) 『第30回国会衆議院予算委員会議録第3号』1958年10月30日、4頁。

(27) 前掲書『戦後日本と国際政治』209-210頁。

(28) 同上、241-242頁。

(29) 『第31回国会衆議院内閣委員会議録第6号』1959年2月10日、8頁。

(30) 『第31回国会参議院予算委員会会議録第14号』1959年3月19日、5頁。

(31) (32) 『第31回国会参議院予算委員会会議録第15号』1959年3月20日、16頁。

(33) 『第31回国会参議院予算委員会会議録第11号』1959年3月16日、35頁。

(34) 『第31回国会参議院予算委員会会議録第14号』1959年3月19日、13頁。

(35) 『第31回国会参議院予算委員会会議録第11号』1959年3月16日、27頁。

(36) 『第31回国会衆議院内閣委員会議録第19号』1959年3月17日、13頁。

(37) 『第32回国会参議院外務委員会継続（閉会中）会議録第3号』1959年9月2日、15頁。

(38) 「空飛ぶ外相に」『中央公論』1957年3月号、79頁。

(39) 原彬久編『岸信介証言録』毎日新聞社、2003年、136頁。前掲書『戦後日本と国際政治』183-184頁。

(40) 外務省公開文書、『朝日新聞』2010年7月8日。

(41) JCS 2180/127,18 November,1958.

(42) 外務省開示文書、『朝日新聞』2002年7月8日。

(43) 前掲書『岸信介証言録』137頁。

(44) 『第31回国会衆議院内閣委員会議録第19号』1959年3月17日、5頁。

(45) 砂川事件の各司法判断は、東京地裁判決1959年3月30日付、最高裁大法廷判決1959年12月16日付、東京地裁判決1963年3月27日付、最高裁判決1963年12月7日付。

(46) 米国政府の公文書。『朝日新聞』2013年4月9日。砂川事件をめぐる最高裁と米国政府との関係については、吉田敏浩他『検証・法治国家崩壊　砂川裁判と日米密約交渉』創元社、2014年を参照。

(47) 『第34回国会衆議院予算委員会議録第9号』1960年2月13日、14頁。

(48) 『第34回国会参議院予算委員会会議録第23号』1960年3月31日、27頁。

(49) 集団的自衛権の定義は、田畑茂二郎『国際法講義・下〔改訂版〕』有信堂、1980年、183-184頁。

(50) 『第34回国会衆議院日米安全保障条約等特別委員会議録第21号』1960年4月20日、28頁。

(51) Department of State, *FRUS,1958-1960*,p.8.

(52) 『第34回国会衆議院日米安全保障条約等特別委員会議録第18号』1960年4月14日、15頁。

(53) 前掲書『戦後日本と国際政治』358頁。

(54) 『第34回国会衆議院日米安全保障条約等特別委員会議録第33号』1960年5月11日、28頁。地位協定に関する合意議事録は、前掲書『日米関係資料集』491-497頁。

(55) 『第34回国会衆議院日米安全保障条約等特別委員会議録第11号』1960年4月1日、13頁。

(56) 前掲書『日米関係資料集』499頁。

(57) 『第34回国会衆議院日米安全保障条約等特別委員会議録第24号』1960年4月27日、2頁。

(58)　(59)　『第34回国会衆議院日米安全保障条約等特別委員会議録第4号』1960年2月26日、9頁。

(60) 前掲書『戦後日本と国際政治』311頁。

(61)　(62)　『第34回国会参議院予算委員会会議録第23号』1960年3月31日、23頁。

(63) 『第34回国会衆議院日米安全保障条約等特別委員会議録第30号』1960年5月7日、13頁。

(64) 同上、16頁。

(65) 『第34回国会衆議院日米安全保障条約等特別委員会議録第25号』1960年4月28日、32頁。

(66) 『朝日新聞』1958年8月1日。

(67) 『第31回国会参議院予算委員会会議録第9号』1959年3月12日、2頁。

(68) NSC6008/1"United States Policy Toward Japan"June11,1960. in Lot File63 D351"NSC6008",National Archives.

(69) 『第34回国会衆議院日米安全保障条約等特別委員会議録第37号』1960年5月19日、12-13頁。

(70) 『第34回国会衆議院日米安全保障条約等特別委員会議録第29号』1960年5月6日、9頁。

(71) *op.cit*, NSC6008/1.

(72) 『第34回国会衆議院日米安全保障条約等特別委員会議録第30号』1960年5月7日、22頁。

(73) 『防衛ハンドブック』、『自衛隊史』。引用は、田中明彦『安全保障』読売新聞社、1997年、169頁。

(74) 『第38回国会衆議院予算委員会議録第20号』1961年3月4日、12頁。

(75) 『第38回国会衆議院内閣委員会議録第30号』1961年4月25日、14頁。

(76) 『朝日新聞』1961年2月22日。

(77) 『第38回国会衆議院予算委員会議録第8号』1961年2月10日、16頁。

(78) 『第38回国会衆議院本会議録第9号』1961年2月23日、94頁。

(79) Department of State Paper"Future of Japan"June 26,1964.National Security Files, Lyndon B. Johnson Papers, Lyndon B. Johnson Library.

(80) (81) 『第38回国会衆議院内閣委員会議録第30号』1961年4月25日、8頁。

(82) 『朝日新聞』1962年5月17日。

(83) 『第40回国会衆議院予算委員会議録第3号』1964年1月30日、15頁。

(84) 『第46回国会衆議院予算委員会議録第7号』1964年2月4日、9頁。

(85) State Department Paper on Japan,October,1961.The Papers of James J. Thompson. Jr.,,in John F. Kennedy Library.

(86) (87) 『第43回国会衆議院予算委員会議録第3号』1963年1月30日、5頁。

(88) 『第43回国会衆議院予算委員会議録第18号』1963年3月2日、15頁。

(89) 『第46回国会参議院予算委員会会議録第10号』1964年3月9日、20頁。

(90) Paper, "Non-Diffusion Nuclear Weapons: Japan"undated, DEF（1）National Security Action Memorandum239WG1&4, 1963,PMDA,1961－1966,Box1.Lot Files, RG 59,National Archives.

(91) 黒崎輝『核兵器と日米関係』有志舎、2006年、42頁。

(92) 『第47回国会衆議院予算委員会議録第4号』1964年12月2日、5頁。

(93) 山田久就（安保条約改定交渉時の外務次官）の証言（1981年10月）。『朝日新聞』2010年1月23日。

(94) *op.cit*, Department of State Paper"Future of Japan".

第3章 「極東」でない「極東」
―ベトナム戦争と沖縄返還問題

1、ベトナム戦争時の日米安保協力

米軍への労務提供をめぐる答弁

　1964年8月、ベトナムのトンキン湾で米海軍の駆逐艦が北ベトナムの魚雷艇から攻撃を受けた（トンキン湾事件）のを契機に、米国はベトナムでの戦闘に本格的な介入を開始した。そして同年11月4日、南ベトナム北部の軍港ダナンで、米軍のLST（上陸用舟艇）で軍需物資の輸送等に従事していた日本人の乗組員が同市内で現地の警察官に射殺された[1]。この事件後、米軍側は、「8百名余りの日本人がLSTの乗組員として、南ベトナム等南方の米軍基地への軍需物資の輸送に従事している」と明らかにした[2]。

　これを受けた同年の国会で、「米軍の作戦行動に協力するために日本側が労務を提供する根拠は、安保条約のどこにあるのか」との質問に、高辻正己・内閣法制局長官は、「MSTS（横浜港の米軍基地を拠点とする米海軍省極東管区軍事海上輸送司令部）が管轄する貨物船の乗組員は、地位協定の第12条第4項に基づき、日本政府が日本国民を間接に雇用して米軍に提供する形をとっているが、LSTの乗組員は、地位協定とは別個に、米国政府が直接に雇用している」と答弁した[3]。さらに、翌1965年2月の国会で、「LSTやMSTS管轄下の貨物船に乗り組む日本人が作業しているベ

「極東」でない「極東」　57

トナムやタイの付近は、戦闘が行われている地域であり、そのような場所で働くという契約を結ぶこと自体が、日米安保条約や地位協定、さらには日本国憲法第9条に違反するのではないか」との問いに、高辻は「日本国民が国外で戦闘に巻き込まれるような作業に従事する契約を結ぶ、及び彼らを危険からどのように保護する、という問題に関して、地位協定は禁止（及び規定）していない」、「憲法第9条は、武力の行使を禁止した規定ゆえ、軍関係の労務の提供は、憲法第9条への違反とはならない」(4) と応じた。

　問題となった乗組員の雇用について、MSTS側は、「従来は、地位協定に基づき、日本の民間企業である米船運航会社に雇用を依頼するという間接的な方法によっていたが、米国政府（ケネディ大統領の政権）が対外軍事支出の削減に踏み切った影響で、米軍が乗組員と個別に直接契約するようになった」と公表した。さらに、上記の質疑応答における「戦闘が行われている地域（戦闘地域）」について、全日本海員組合側は、「直接戦闘地域に行かない、危ないという時は船長が就労を拒否できる、という条件をつけている」と述べ、MSTS側も、「南ベトナムでの戦闘は内戦であり、現状では米国防総省が戦闘地域に指定している場所はない」として、共に日本人の乗組員への安全な就労が図られている旨を指摘していた。

　しかし同時に、「船舶は戦闘の危険のある場所で活動しており、撃沈される可能性は否定できない」（MSTS側）、「LSTは軍艦旗を掲げて航行しているゆえ、攻撃される場合もあり得る」（全日本海員組合側）と、就労に伴う危険に言及していた。また、契約の形態が直接から間接に切り替わったのは、「日本人乗組員が危険な任務で米軍に協力するのを国会で追及される」のを「直接雇用は地位協定の対象外である」として回避しようとした日本政府の思惑も働いていたとも言われた (5)。そして、法制局側の答弁は、そのような政府側の方針にも沿う内容となっていた。

「三矢研究」の暴露と「文民」の解釈をめぐる答弁

　同じ1965年2月の国会で、社会党側から「昭和38年度統合防衛図上研究（三矢研究）」の存在が暴露された。これは、1963年に自衛隊の制服組が第2次朝鮮戦争（朝鮮有事）の勃発を想定して実施したもので、同有事に際しての①核兵器の使用、②米軍による韓国救援作戦の実施及びそれに対する自衛隊の支援、③非常事態措置諸法令の制定を検討の対象としており、日米両国間の安全保障協力という側面を持っていた。わけても③では、「戦時国家体制」を確立するための国家非常事態の宣言等に加え、「国内治安維持」を目的とする国防秘密保護法や軍機保護法の制定等が俎上に上っていた[6]。

　続いて社会党等は「三矢研究」に関する資料を国会に提出するよう政府及び防衛庁に迫ったが、政府側がこれを拒否し、佐藤栄作・首相も「こうした問題を防衛当局が検討するのは当然と思う」[7]と述べるなどしたため、国会の審議は紛糾した。さらに世論からも、「政府が自衛隊を十分に監督しているのか」という疑問の声が上がった。

　このような事態の中、同年5月の国会で、「自衛隊の制服組は憲法第66条第2項（内閣総理大臣その他の国務大臣は、文民でなければならない）の『文民』に該当するのか」との質問が提起された。これに対して高辻法制局長官は、「『文民』に関する憲法の規定は、国政が武断政治（武力を以て政治を専制的に行うことを指す）に陥るのを避けるという趣旨を根底に持っている」とした上で、「自衛隊は、憲法上の制約を受けているものの武力組織であり、この点に照らして『文民』とは武力組織の中に職業上の地位を占めていないものと解釈するのが憲法に適合する」ゆえに、「自衛官が制服（現役）のままで国務大臣になるというのは憲法の精神からすると好ましいとはいえず、さらに徹底して言えば、『自衛官は文民にあらず』と解釈するべきだ」[8]と答弁した。そして、1953年の国会で佐藤達夫・法制局長官が、「文民」を「過去に職業軍人であった者のうち、軍国

「極東」でない「極東」　59

主義に染まった経歴を持っていない者を指す」とした答弁（第1章を参照）に関しては、「憲法を制定した当時の日本には武力組織がなかったゆえに、そのような解釈にならざるを得なかった」[9] と論及していた。

社会党や世論による「三矢研究」への反発には背景があった。第2次世界大戦に敗北する前の日本では、旧憲法（大日本帝国憲法）の規定上、内閣（行政部）が統帥権（陸海軍部の作戦・用兵を指揮する権限）を担っておらず、結果として軍部が独断で武力の行使に走るのを有効に止め得なくなっていた。このような事態を回避するため、第2次大戦後の日本政府は、自衛隊（及び前身の警察予備隊・保安隊等）を行政機構の内部に位置付け、これを「文民」の首相及び担当大臣が指揮・監督する「文民統制」という制度を整えた。さらに実施部隊の上級幹部を務めた経歴を持たない官僚（文官）を警察予備隊本部や保安庁・防衛庁の内局に幹部として任用した上で担当大臣を補佐する方式（文官統制）を導入して、「文民統制」を補強した。

こうした経緯に照らす限り、現役の制服組を「文民」の範疇から除外した高辻の答弁は、政府の方針に沿ったものであった。そして同じ年の9月、防衛庁が「機密管理上の不行き届き」を理由として当時の事務次官及び制服組の幹部等26名に「注意」・「戒告」の処分を下し、「三矢研究」をめぐる問題は収拾されるに至った。

米軍の行動への支援をめぐる答弁

同じ1965年5月の国会では、「米軍が日本国内の基地からベトナムに直接出撃するのは、改定安保条約第6条で同条約の適用範囲とされた『極東』の範囲を逸脱しているのではないか」との質問が提起された。この「極東」の範囲をめぐる議論は、1960年に国会が改定安保条約を批准する際の審議で、政府側が「大体フィリピン以北並びに日本周辺の地域で、韓国及び台湾も含む」と答弁することにより、一応決着した形となっていた

（第2章を参照）。

　そして、この質問に対し、法制局長官の高辻は、「ベトナムが（安保条約における極東の）周辺地域であるとしても、極東における国際の平和と安全にどのような影響が及ぶかということが安保条約にとって中心の問題となる」ゆえに、「ベトナムにおける情勢が極東における国際の平和及び安全に対して何らかの影響あるいは脅威を及ぼすということがあれば、米国は、（安保条約）第6条に規定されているような、日本国内の施設及び区域を使用して、安保条約上の目的を達成し得る」(10) と、米軍への便宜供与に前向きな姿勢を表明した。この問題に関して、西村熊雄（外務省条約局長として旧安保条約を締結する交渉の責任者を務めた）は、自著で「極東の平和と安全のため使用される合衆国軍隊は・・・・（安保）条約上は（行動する地域が）極東に限定されない」(11) と記しており、高辻の答弁は、西村の指摘が現実化したことを物語っていた。

　さらに1968年の国会で、「米軍が、安保条約第6条に基づく日本国内の施設・区域以外の飛行場を戦闘作戦行動に使用した場合はどうなるのか」との問いに、高辻は、「米軍は、安保条約第6条に基づき（日本国内の）施設・区域を使用する一方、地位協定によって区域・施設に出入するのを許されるという形になっている」とした上で、「米軍が戦闘作戦行動に出るような場合に（施設・区域以外の）民間の飛行場を使用することは想定されない」、「米軍機自体が直接戦闘行動に及ばないものの、上空から弾薬を地上に補給する、あるいは兵員が米軍機から地上に降下するような場合は、戦闘作戦行動に含まれ得るが、米軍機が民間飛行場から戦地に移送した兵員が、（移送後に）態勢を整えて戦闘作戦行動に出るような場合、兵員の移送は単なる運搬であって、戦闘作戦行動には含まれない」、「地位協定第5条は、『米軍が入港料・着陸料を課されずに日本の港又は飛行場に出入し得る』との条件を定めるのみであり、この規定を根拠として米軍が日本国内から戦闘作戦行動に及ぶ余地が生じるとは考えられな

い」(12) と答弁した。また、同じ国会で高辻は、「（米軍の）補給活動は、戦闘作戦行動と区別される性質のものであり、（米軍の軍艦・軍用機等が）単に燃料を積むだけでは戦闘作戦行動とは言い難い」(13) とも述べていた。

　しかし、上記の答弁において、「使用」と「出入」を区別する具体的な指標及び「戦闘作戦行動」と「補給活動」との関連を判断する基準は、共に明示されなかった。それは、結果として、日本政府による米軍の行動への便宜供与を助長するものとなった。実際、この問題に関連して、駐日米国大使館の関係者は、「在日米軍がベトナムの戦地に直接出撃することは、日本政府との事前協議を経なければできないが、それが一度別の地域に移動した後に、ベトナムの戦闘に関与する可能性はある」(14) と述べていた。また、翌1969年の国会で、「米軍が国連軍の形で、日本の本土から直接朝鮮半島に出動した場合における憲法第9条との関係」を問われた高辻は、「国連には日本も加盟しており、米軍が国連憲章の枠内で行動するのであれば、憲法の条項・精神に照らして問題はない」(15) と答弁し、国連軍として活動する米軍への便宜供与を図る旨を表明した。

事前協議をめぐる答弁

　上述した国会で、「日本で燃料の補給を受けた米軍機が戦闘作戦行動に及ぶ場合には、安保条約第6条に関する事前協議の対象となるのではないか」との問いに、高辻は「米軍機が日本から出発する際に、戦闘作戦行動の命を受けている場合には事前協議の対象となるが、単に燃料の補給を受けたのみでは、事前協議の対象とならない」とした上で、「戦闘作戦行動及び燃料の補給が不可分一体となっている際には事前協議の対象と見なければならないが、燃料を単に補給する場合と戦闘において補給する場合とは区別して考えるべきだろう」(16) と答弁した。しかし、燃料の「単なる補給」と「戦闘における補給」を区別する具体的な基準が示されはしなか

62

った。

　さらに、同じ国会の質疑では、安保条約第6条に関する事前協議と、同第4条に定める随時協議（条約の実施及び日本国の安全又は極東の平和及び安全に対する脅威が生じた際に日米両国間で行う協議）との違いが俎上に上った。これに関連して、「事前協議では、米軍が行動するのに先立って日本の承認を求めなければならないが、随時協議の場合は、日本が事後に報告を受けて了解しても違法にならないゆえ、随時協議に基づく米軍の行動が、日本に重大な責任を一方的に押し付けられるという深刻な事態になりかねない」との意見に、高辻は、「事前協議の対象となるのは、安保条約第6条に関する交換公文に示されているが、事前協議の運用に不審が抱かれる場合には、それが随時協議の対象となっても差し支えない」(17)と応じた。

　また、「事前協議の際に日本側は拒否権を行使し得るが、随時協議では日本側の拒否は認められないのではないか」との質問に、高辻は、「既述のような米国側に対する不審の念ゆえに日本側が随時協議を申し出ても、米国側が『そうした不審な点はないので協議する意味がない』との立場をとるのならば、『協議を拒否し得るか』以前に、そういう問題は起こり得ない」(18)と答弁した。さらに彼は後日、「事前協議とは、米軍による戦闘作戦行動が日本の利益とならないと判断される場合に日本側が拒否し得るという、いわば米軍に対する歯止めの役割を果たすものである」とした上で、「米国は自国軍の戦闘作戦行動に同意を得るために、日本側に事前協議を申し込んでくるゆえ、協議を申し込まれる立場にある日本側から、（安保条約第4条に基づいて）事前協議自体に関する協議を申し出るのは、字義の点から著しく不条理であり、この点に照らして、事前協議は米国側から申し出るのが筋である」(19)と応えた。

　こうした中で同年の4月、外務省は「日米安保条約上の事前協議について」の解釈を明らかにした。そこでは、「日本政府が、事前協議を行う対

「極東」でない「極東」　63

象として了解している」ものとして、①配置における重要な変更（陸上部隊の場合は一個師団程度、空軍の場合はこれに相当するもの、海軍の場合は一機動部隊程度の配置）、②装備における重要な変更（核弾頭及び中・長距離ミサイルの持ち込み並びにそれらの基地の建設）、③日本から行われる戦闘作戦行動（条約第5条に基づいて行われるものを除く）のための基地としての日本国内の施設・区域の使用、を挙げていた[20]。

しかし、上述のとおり、安保条約第4条に加えて第6条に関する交換公文が共に、日米両国政府が「協議」する対象として、「極東における国際の平和及び安全の維持」を掲げながらも、「運用に関して『事前協議』を要するのは交換公文のみである」との見解を法制局は示していた。それは結局、米軍が「極東の安全を守るために迅速に対応する」のを理由に、事前協議を迂回して行動する（日本側とは事後に「随時協議」する）ことに日本政府が便宜を図ることを意味していた。

自衛隊の「海外派兵」をめぐる答弁

1965年3月、国会での自衛隊の「海外派兵」に関する質疑の中で、高辻は「海外派兵」の定義について、「必ずしも明確になっていないが、問題の中心は（自衛隊による海外派兵が）憲法第9条で認められる自衛の範囲を逸脱するか否かにある」とした上で、「武力攻撃に対して日本がなし得るのは自衛の限度にとどまるという意味において、一般的に（自衛隊による）海外派兵は憲法上許されない」[21]と答弁した。さらに彼は、「他国が（武力による）攻撃を受けた際、日本が自国民の安全と生存が害されることがないにもかかわらず、（攻撃を受けた）他国のために武力を行使して一種の紛争を解決するのは、憲法第9条に照らして許されないのではないか」[22]と述べ、日本による集団的自衛権の行使を否定した。その一方で彼は、「日本が武力攻撃を受けた際に自衛権を発動して外国と共に武力を行使して自国を防衛するのは、憲法第9条の問題と関係なく許され

64

る」(23) として、日米安保条約に基づく自衛隊と米軍による（事実上集団的自衛権を行使しての）対日防衛行動を容認していた。

　さらに高辻は、憲法第9条第2項に記された「交戦権」の意味を問われ、「（軍隊が）占領地の行政を行う、あるいは敵国都市の砲撃・爆撃を行う等、戦争を有効かつ適切に遂行するための権能を指す」とした上で、「（日本による）自衛権に基づく行動は、憲法第9条第2項が否認する交戦権の否認には当たらない」(24) と答弁した。その上で、「安保条約に基づく日米両国による共同防衛行動の際、交戦権を米国が持つが日本は持たないとしても、継続して武力行使がなされるのならば、結果として日本は交戦権を行使することになるのではないか」との問いに、高辻は、「日本は憲法上交戦権を否認されているので、米国との共同防衛行動に際しても、自衛権を行使する限度内という制約を受けるゆえ、交戦権の行使には至らない」(25) との見解を表明した。

　ここにいう法制局側の答弁は、自衛隊による防衛行動を、日本を防衛する目的で日本の領域内に限定しようとする意図が示されていた。同じ年の7月、米国と安全保障条約を結んでいる韓国はベトナムへの自国軍の派兵を決定したが、日本政府は自衛隊に対して同様の措置を取ることにベトナム戦争の終結まで踏み切らなかった。

　また、翌1966年3月の国会で、「日本は吉田・アチソン交換公文（第1章を参照）に基づき、朝鮮に派遣されている国連軍（朝鮮国連軍）に協力することになっているが、朝鮮国連軍は軍事力を行使しての強制的な平和維持・回復活動に従事しているゆえ、日本国憲法の精神（戦争及び戦力の放棄）に照らして、朝鮮国連軍への協力は憲法第9条に違反するのではないか」との問いに、高辻は、「吉田・アチソン交換公文には、自衛隊が朝鮮国連軍に参加することを日本政府の義務であるとは規定しておらず、同交換公文が憲法に違反するということにはならない」とした上で、「朝鮮国連軍への自衛隊の参加が憲法第9条に違反するのは極めて明白であ

「極東」でない「極東」　65

る」(26) と、自衛隊による日本の国外での武力行使を否定する旨を答弁した。さらには佐藤栄作・首相も翌1967年の国会で、「自衛隊の海外派兵を可能にするための自衛隊法の改正は考えていない」(27) 旨を言明した。

　しかし、同時期、米国のラスク国務長官は、L・ジョンソン大統領に宛てた覚書で、「日米閣僚会議の場で日本政府に対し、可能ならば中近東における国連の平和維持活動で役割を果たすように提案する」(28) と述べていた。また高辻も後に、別な質疑の場で、「武力の行使や兵力の使用と無関係な部分について、自衛隊が国際的に役立つというようなことがある場合、政策上の問題は別として、憲法第9条が直接関わる問題ではない」(29) と答弁し、自衛隊が軍事力を行使せずに日本の国外で平和を実現するための活動に従事することを否定してはいなかった。

2、非核三原則と沖縄返還の実現

日米安保条約をめぐる動き

　1966年6月、自民党の安全保障調査会（船田中・会長）は、「我が国の安全保障に関する中間報告」をまとめた。そこでは、「日本の自主防衛体制を推進する」ことに加え、「米国との協力関係をさらに増強する」、「日米安保条約については、安定した基盤の上に立って条約の効力を確保するため、同条約の期限が1970年に到来するのを機会に、条約を改定して再度10年延長する必要がある」と、日米安保条約の「長期固定化」を論じていた (30)。

　ところが、翌1967年8月、同調査会の手になる「日米安保体制堅持の必要性—日本の安定と繁栄のために」と題された報告書では、日本が自国の「安全と不可分の関係にある極東の国際平和と安全の維持については、米国と共通の関心を有する結果、憲法の認める範囲内及び効力の許す所に従

い出来るだけ西太平洋及び東南アジアの安定に貢献することが肝要である」と、「自主独立」よりも「対米協調」の姿勢を強く打ち出していた。これは、米軍への便宜供与を容認する法制局の立場と一致するものであった。その一方、1970年以降における日米安保条約の扱いについては、「将来もなお、日本の安全と繁栄のためには相当長期にわたって日米安保体制を堅持することが絶対に必要である」と述べるにとどまっていた (31)。

　当時の自民党内では、佐藤内閣を支える佐藤派の一部及び福田派が、安保条約に関して上記した「長期固定化」を主張していた。他方、前尾派、中曽根派、藤山派、松村派等、佐藤内閣の外交方針に批判的な勢力は、「国際情勢は極めて流動的であり、日本の外交もそれに対応して弾力的に進めていく必要があるのに、安保条約の期限を10年も延長して長期固定化するのは、日本の外交における自由な立場を侵害される」として、安保条約の「自動延長」を主張していた (32)。こうした党内の状況に照らし、船田会長は日米安保条約の将来について結論を急ぐのを避け、「長期固定化」と「自動延長」の「最大公約数」として、「長期堅持」という表現を用いたと言われる (33)。

　しかし、翌1968年6月、船田は「会長私見」という形で、1970年以降の安保条約について、「条約の改定を伴う『長期固定』ではなく『自動延長』によるべきである」との考えを明らかにし、これが自民党の統一方針となった (34)。そこには、条約の再改定に踏み切ることで1960年に改定安保条約を批准する際に見られたような激しい反対運動を避ける狙いがあった (35)。

　他方で、翌1969年5月、米国政府の打ち出した対日政策の基本方針では、「日米安保条約を（翌1970年に期限を迎えた後も）改定せずに継続する」(36) と記しており、自民党の安保条約に対する姿勢は、米国側の意に沿うものとなっていた。続いて同年12月に行われた衆議院の総選挙で、自民党は解散前を上回る議席を獲得して勝利した。主権者としての国民は、

「極東」でない「極東」　67

「安保条約に基づく安全保障政策を継続する」という自民党の方針を容認したと言えた。そして翌1970年6月22日、10年の期限を迎えた安保条約は、自動的に延長することとなった。

核兵器をめぐる答弁

1968年1月、佐藤首相は国会での答弁で、「日本は核兵器を作らない、持たない、持ち込ませない」とする「非核三原則」を政策の基本方針とする一方で、「日本の安全保障については、日米安保条約に基づく米国の核抑止力に依存する」(37) との見解を表明した。

そして、翌1969年3月の国会で、「非核三原則のうち、『核兵器を持ち込ませず』と憲法第9条との関係が必ずしも明瞭でない」との問いに、高辻法制局長官は、「日本が主体となって指揮権や管理権を行使する兵器でなければ、その兵器は憲法第9条第2項にいう戦力には該当しない」とした上で、「米軍が日本に持ち込む核兵器は、日本自体が保持するものではないゆえ、憲法第9条とは関係せず、この点に照らして、日本政府が核兵器の日本への持ち込みに同意を与えないのは、政策上の方針である」(38) と答弁した。これに対する「核兵器の持ち込みを認めるか否かは日本政府が主体的に判断するのだから、日本政府の判断は憲法上の制約を受けるはずであり、『核兵器を持ち込ませず』の部分だけを憲法と関係しない政策上の問題だとするのは、場合によっては米軍が核兵器を日本に持ち込むのも構わないような抜け途を準備しているような誤解を招く」との指摘に、高辻は、「日本が保持する武力としては、核兵器に限らず自衛目的の正当な限度を逸脱する場合には問題があり、B52のような爆撃機を自衛隊が持つということになると、憲法上の疑義が生じ得る」ものの、「旧安保条約の下では事前協議制度は設けられておらず、日本に駐留する米軍がいかなる兵器を持とうとも必ずしも違憲とはされておらず、改定安保条約の下で、核兵器の日本への持ち込みを事前協議にかけることによって違憲の問

題が生ずるのは理不尽である」⑶と応じた。

　その一方で高辻は、「憲法上明らかに自衛の限度を越えた核兵器を米国が日本に持ち込む場合、これに日本政府が同意を与えるということは、憲法に違反することになる」との指摘に、「そうしたもの（自衛の限度を越えた兵器）を米軍が（日本の国内で）保有するとすれば、憲法に違反する」⑷と応えていた。しかし、これは裏を返すと、「自衛の限度を越えない核兵器を米国が日本に持ち込む場合、これに日本の政府が同意を与えても、憲法に違反しない」という姿勢を窺わせるものであった。

　さらに、同じ年の国会で高辻は、「非核三原則で『核兵器を持たず、作らず』と規定したとおり、憲法及び原子力基本法に照らして、日本は核兵器の開発・保持が認められない」⑷と答弁した。また、後年の国会で、「日本が原子力潜水艦を保有することが原子力基本法に抵触するか否か」との問いに対しては、「現状では、船舶の推進力として原子力を使用することが一般化されておらず、この点に照らして、原子力が殺傷力ないし破壊力としてではなく、自衛艦の推進力として使用されることも認められない」⑷と述べ、日本による原子力潜水艦の保有に否定的な見解を表明した。しかし、彼は、「たとえ核兵器であっても性能上国土を守ることにのみ用いられるのであれば保有して悪いという理論上の根拠はないが、仮に通常兵器であっても、相手国の領土を壊滅的に破壊する目的で使用するようなものは保持し得ないというのが理論上の問題である」ものの、「核兵器については、仮にこれを憲法上保持し得るとしても政策上持たないとする非核三原則の問題がある」⑷と答弁し、日本が核兵器を保持することを厳密に否定してはいなかった。

核兵器の保有をめぐる日本政府の思惑

　佐藤首相は1964年、ライシャワー駐日米国大使と会談した際、「もし相手が『核』を持っているのなら、自分（日本）も（核を）持つのは常識で

「極東」でない「極東」　69

ある」（44）と発言していた。また、翌1965年10月、英国のステュアート外相との会談に際しては、「核の脅威という点では、中国（北京政府）の方が（ソ連より）大きい」と語っていた（45）。ここからは、当時の彼が、中国（北京政府）への対抗意識から、「日本が主権国家として核兵器を持つことは当然である」と考えていたことが窺われた。しかし、佐藤は「日本の国内には核兵器への根強い反感が残り、それが障害となって日本が近い将来に独自の核兵器を保有する見込みがない」と判断した結果、「日米安保条約に基づいて米国の核抑止力に日本の安全を依存する」という政策を選択するに至った（46）。高辻が上述のように「米軍による、自衛の限度を越えない核兵器の日本への持ち込み」に便宜を図るように答弁したのは、こうした日本政府の意図に沿ったものであった。

　また、翌1965年1月に佐藤が訪米した際、米国のジョンソン大統領は佐藤との会談で、「日本が核兵器を持たず、米国は核兵器を持っているのだから、日本が自国の防衛のために米国の核抑止力を必要とすれば、米国は誓約を守り、そのような防衛手段を提供するつもりである」と、佐藤の採る核兵器をめぐる政策に賛意を表明していた（47）。さらに、佐藤の訪米に先立ち、国務長官のラスク（前出）は大統領宛の覚書に、「日本は独自の核保有能力でなく米国及び日米安保条約に基づく長期的な防衛協力によって（安全保障を）考えるべきであり、それが、通常兵器か核兵器かいずれの攻撃を受けた際にも有効である」（48）と記していた。

　さらに1969年11月、米国政府は核拡散防止条約（NPT）の批准に踏み切った。これを契機に、同条約への対応が日本政府の外交課題として浮上した。与党の自民党内では、中曽根康弘（後の首相）が「核兵器を選択する権利」の保持を強く主張するなど、同条約への調印に反対する一派の抵抗も根強かったが、「批准には慎重な態度で臨むべきだ」との条件付きで対応を政府に一任することとなり、翌1970年2月3日、佐藤内閣はNPTに調印した。

その一方で、佐藤は同年９月、楠田実（総理大臣首席秘書官）に「いっ
そ、（日本が）核武装すべきだといってやめてしまおうか」（49）と漏らし
たことから窺われるように、核兵器の保持を安全保障政策の選択肢として
留保する考えを抱き続けていた。高辻が上述した答弁で、「日本は核兵器
を政策上持たない」と強調していたのは、こうした佐藤の意向に沿ったも
のとなっていた。

沖縄と核持ち込みをめぐる答弁

　また、この時期、米国が沖縄で行使する施政権の日本への返還が、日米
両国政府間で大きな課題となっていた。1969年の国会で、「沖縄が米軍基
地をそのまま残して日本に返還されるのは、憲法に照らして違反していな
いのか」との問いに、高辻は、「沖縄の施政権が日本に返還されるという
ことは、日本国憲法が沖縄に適用されるということであるから、米軍の基
地が日本国憲法の下に運営されるのならば違憲とはならず、施政権の返還
後に憲法が適用された後、それに応じた措置が米軍基地になされるであろ
う」（50）と答弁した。また、「返還後の沖縄に米軍が駐留するのは違憲で
はないのか」との問いに、「憲法が日本国に保持を禁じた戦力とは、日本
国が管理・支配するものを指し、米軍については直接適用されず、従っ
て、返還後の沖縄に残された基地に駐留する米軍も同様に対処する」（51）
と述べた上、「当該米軍が侵略的活動に用いられるのならば問題の余地が
あるが、国連憲章の下で行動するような場合、憲法上違反するような問題
は直ちに生じない」（52）と応えた。また、「沖縄に駐留する米軍が保有す
るメースＢ（核兵器の搭載が可能なミサイル）は攻撃的な性格の兵器であ
り、憲法に違反しないか」との問いに、高辻は、「兵器の性格が攻撃的か
防御的かを峻別する際に、通常兵器か核兵器かを基準とするのは妥当では
ない」とした上で、「メースＢは米軍が保有しており、憲法第９条の対象
外である」（53）と答弁した。こうした発言は、米軍の活動に便宜を供与す

「極東」でない「極東」　71

るものであった。

　その同じ国会で、佐藤首相は、沖縄の返還を「日本の本土と同様に米軍基地を残す一方、核兵器を撤去する」(54)という方式（核抜き・本土並み）で求めていくことを表明した。これに関連する返還後の沖縄への非核三原則及び事前協議の適用について、高辻は、「非核三原則を沖縄に適用するのは、広い意味での政策上の問題として考慮の対象となる」(55)、「核兵器の持ち込みに関する決定は、一国の主権による作用に含まれており、国家主権の意思として核兵器を国内に入れなければならないということはなく、入れないでも済むわけであり、それゆえに、安保条約に基づく事前協議の結果、核兵器の持ち込みを拒否し得ることになっている」(56)と応えた。

　同じ年の11月、訪米した佐藤首相は、ニクソン米国大統領と会談後、共同声明を発表した。同声明では、「日米両国共通の安全保障上の利益は、沖縄の施政権を日本に返還するための取り決めにおいて満たし得る」、「米国が、沖縄において日米両国共通の安全保障上必要な軍事上の施設及び区域を日米安保条約に基づいて保持し得る」、「施政権の返還にあたっては、日米安保条約及びこれに関連する（事前協議等の）諸取り決めが変更なしに沖縄に適用される」として、「本土並み」の返還方式に論及していた(57)。

　しかし、同じ年の5月に米国政府の打ち出した対日政策の基本方針では、「返還に際して沖縄から核兵器を撤去するが、緊急事態における核兵器の貯蔵・通過に関する権利を保持することが可能となるよう日本側と交渉する」(58)と記されていた。また、翌1970年1月、A・ジョンソン国務次官等米国政府の担当者は、上院で開かれた「日本と沖縄」に関する秘密の聴聞会に出席した際、「米国は緊急事態の際、沖縄への核兵器の持ち込みに関して日本政府と事前協議する権利を留保しているが、日本政府はこれに必ずしも『ノー』と答えないであろう」との見解を表明していた(59)。

沖縄返還をめぐる答弁

　1969年6月、国会で返還後の沖縄への防衛に関して問われた高辻は、「沖縄が返還された後には当然日本の領域に含まれることとなり、日本の領域を守るのが自衛隊の任務である」とした上で、「沖縄を自衛隊が守る際に行動する範囲が、その領土、領空、領海に限られるか否かは別の問題であるが、防衛する対象となるのは、日本国及びそこに含まれる沖縄である」(60) と答弁した。同じ年の7月、米国のニクソン大統領は、グアム島での非公式な記者会見の席上、「1970年代以降、米国はアジア諸国と結んだ条約上の集団防衛義務を遵守するものの、核兵器による脅威を除き、アジア諸国自身が軍事力を負担することを期待する」(61) という外交・安全保障政策の基本方針（グアム・ドクトリン）を発表した。これに照らして、上記した高辻の答弁は、「日本が自国領域の防衛に責任を負う」という姿勢を明言した点で、米国側の意にかなっていた。

　さらに1971年の国会で、「公海上での（自衛隊による）防衛は、自衛力の限界を越えた海外派遣、海外派兵と同じではないのか」との問いに、高辻は、「自衛権を遂行する際に限界を設ける必要性は、他国の領域において生ずるということはあり得ないにしても、自国の領土、領空に限られなければならないという理屈も同時にないと思われる」、「（自衛隊の活動が）自衛のために必要ならば、（日本の）領空、領海のみならず公空、公海に及んでも憲法違反の問題は生じないと思われる」(62) と応じた。これは、従来よりも日本の領域外での活動に前向きな内容となっていた。

　そして同年6月17日、日米両国政府は、沖縄返還協定に調印した。この協定は、「日米安保条約及びそれに関連する諸取極（事前協議に関する交換公文等）を返還後の沖縄に適用する」（第2条）、「米軍は返還された後の沖縄で、日米安保条約等に基づいて施設・区域を使用する」（第3条）と定めていた。日本政府はこれについて、「返還後の沖縄における安

保条約の取り扱いを、核抜き・本土並みとするものである」との見解を明らかにした (63) 。

　同協定は調印された後、日本の国会で批准されるための審議を受けることとなった。その過程で、「沖縄の米軍基地及び駐留・通過する米軍機・艦船が核兵器を保持・保管するか否かの点検は可能か」との問いに、高辻は、「他国に駐留する軍隊は国際法の原則に照らして治外法権の対象となるゆえ、返還後の沖縄に日本の施政権が及ぶものの、日本側が米軍に対して核兵器の有無を強制的に点検するのは不可能である」 (64) と答弁した。

　実際、沖縄返還に先立つ1969年11月の佐藤・ニクソン共同声明（前出）では、「日米安保条約の事前協議制度に関する米国政府の立場を害することなく、沖縄の返還を、日本政府の政策（非核三原則等）に背馳しないよう実施する」と記されていた。この点に照らす限り、核兵器の有無への点検を否定した高辻の答弁は、米軍による核兵器の運搬に事実上の便宜を図るものとなった。

　結局、沖縄返還協定は、与党の自民党及び野党の公明党・民社党の共同提出による「沖縄に非核三原則を適用する」という付帯決議を伴う形で、同年12月に批准された。さらに、日本に返還された後の沖縄には、米軍に加えて自衛隊も駐留することとなり、それに関連する公用地等暫定使用法案（返還後の沖縄で自衛隊及び米軍の駐留する基地を用意するために土地を取得する手続きを定めた）が国会に上程された。当時の沖縄には自衛隊の駐留に反発する空気が強く、審議の場では、「自衛隊及び米軍の使用する基地を公共（用）地として位置付ける根拠は何か」との質問が提起された。これに対して高辻法制局長官は、「防衛庁は自衛隊を維持管理するために演習場を設置したりする権限を法律上認められており、自衛隊の基地が公共の利益のために使用されるということは間違いない」 (65) と、自衛隊の沖縄への駐留を正当とする旨を答弁し、その後、同法案は可決・成立した。そして翌1972年5月15日、沖縄は沖縄県として本土への復帰が実現

し、同年6月に自衛隊は沖縄への移駐を開始した。

3、沖縄返還後の日米安保協力

日米安保条約の運用をめぐる答弁

　沖縄返還が実現した後の1972年7月、佐藤栄作首相は退陣し、後任の首相には田中角栄が就任した。そして同年9月の国会で、中国（北京政府）と台湾との間での武力紛争の発生を前提に、「外国で勃発した内戦に際して、日本から内戦の一方当事者に加担するような行動を取る、あるいは（米国政府が）在日米軍基地を使用させて内戦の一方に協力するようなことを日本政府が黙認するのは、国際法上の内政干渉に当たるのではないか」との質問が提起された。これに対して、内閣法制局長官の吉国一郎（高辻の後任）は、「この場合は、安保条約の事前協議が前提となるが、該当する有事が現実となった場合の（事前）協議においてその都度処理される事案なので、生起し得る事態を予想して答弁するのは、この場では厳しい」(66) と応じた。

　しかし、これに先立つ1969年11月の佐藤・ニクソン共同声明（前出）では、「現在の情勢下では、米軍の存在が極東における平和と安全を維持するための大きな支柱となっており、韓国及び台湾の安全は日本の安全にとって極めて重要であるゆえに、日米安保条約を堅持する」と記されていた。これに関連して佐藤は、翌1970年の国会で、「朝鮮半島で武力紛争が起きた場合、日本政府は国連が『侵略の認定』をする前でも、事前協議制度に基づいて速やかに対応する」(67) と、極東での有事に際して米軍への便宜供与を図る旨を表明していた。

　その一方で、翌1971年7月15日、米国のニクソン大統領は、日本政府への十分な事前の連絡を経ないまま、「翌年5月までに中国を訪問する」と

「極東」でない「極東」　75

緊急に発表した。それに先立ち米国のH・キッシンジャー大統領補佐官は密かに北京を訪れ、同月9日、周恩来・中国首相との会談に臨み、「そこ（日本）にある我々（米国）の基地は純粋に防衛的なもので、彼ら（日本）自身の再武装を先送りにすることができる」と、米中間の国交正常化に際して日米安保条約が重大な支障とならないように説得を試みていた (68)。また佐藤首相も、1972年1月の日米首脳会談で、翌月に訪中を控えたニクソンに対し、「もし北京で日本の軍国主義云々という話が出た場合には、米国としては、日本に対して、日米安保条約によって日本に核を持たせぬよう理解させる方針であると言われても結構である」(69) と述べていた。

　そして翌1972年9月、就任して間もない田中首相がニクソンに続いて訪中し、日本と中国は国交を回復した。その際、北京政府の周首相（前出）は、「我々が台湾を武力で開放することはないと思うし、米国側も佐藤・ニクソン声明を最早取り上げないと言っている」と述べ、「日米安保条約に反対しない」という姿勢を示した (70)。上述した台湾有事に関する吉国の答弁は、「日本政府が北京政府との緊張を高めないよう配慮しつつ米軍に協力する」という姿勢を裏付けるものとなっていた。

「統治行為論」をめぐる答弁

　翌1973年1月27日、ベトナム戦争に関する和平協定がパリで調印され、その取り決めに基づき、米軍は同年3月29日、駐留していた南ベトナムからの撤兵を完了した。

　一方、1969年7月、北海道の長沼町に航空自衛隊のナイキJ（地対空ミサイル）基地を建設するために農林大臣が国有保安林の指定を解除したことに反対した住民が、「ナイキ基地に公益性はないと同時に自衛隊は憲法第9条に違反しているゆえ、国による保安林の解除は違法である」として訴訟に踏み切っていた（長沼ナイキ事件）。そして1973年9月、1審の札

幌地方裁判所は、「自衛隊は、憲法第9条が日本国に保有を禁じている陸海空軍に該当しており違憲である」、「世界の各国はいずれも自国の防衛のために軍備を保有するのであって、（自衛隊が）単に自国の防衛のために必要であるという理由では、それ（自衛隊）が軍隊ないし戦力であることを否定する証拠にはならない」とした上で、「保安林の指定解除は憲法に違反しており、指定解除の条件である『公益上の理由』には該当せず、取り消しを免れない」と、住民側の訴えを認める判決を下した (71)。

　この判決を受けて国会では、野党から「安保条約や自衛隊が日本に対する国外からの侵略を抑止し得るか否かを判断するには不確定な要素が伴うゆえ、それらに公共性（公益性）があるとは言えないのではないか」との質問が提起された。これに対して、法制局長官の吉国一郎は、「日本を防衛するために自衛隊が備えている能力は完全なものではなく、米国との安全保障体制を前提にしているが、それでもなおかつ十分なものではないという点では、不確定な要素を伴うと言い得る」と述べた。その上で彼は、「自衛隊が自衛のために必要最小限度の範囲内で備えを漸次整えた結果、将来は自衛のために必要な最小限度の水準に達することも有りうるが、現状ではその限度に至ってはいない」ものの、「日本を自衛するために自衛隊を整備していることが、日米安保条約と相まって、日本の自衛に役立っているというのが、現在における日本政府の認識である」として、「長沼町にナイキ基地を建設するということが、自衛のために必要な最小限度の範囲内における自衛力を整備する作業の一環として行われたわけであり、従って、それ（ナイキ基地の建設）は公益に役立つという認識の下で、農林大臣が保安林の指定を解除したものと考えられる」 (72) と答弁した。

　また、吉国は、「『裁判所による違憲立法審査権の行使は、裁判で争われている事案が、いわば社会的に熟している段階でもってなされるべきだ』（統治行為論、第2章を参照）との判断を、最高裁の判事が述べたことがあり、実際、最高裁が『一見して違憲でない限りは合憲と推定すべき

ものだ』として判決を下したものがある」（73）と述べ、「統治行為論」が
有効な面を持つという旨を表明した。そして、「司法権の判断から除外さ
れるべき『統治行為』には何が該当するか」との問いには、「旧安保条約
が含まれる」（74）と述べ、その事例として、砂川事件の最高裁判決（同じ
く第2章を参照）を挙げた。

　こうした吉国の答弁は、改定安保条約が旧安保条約と連続している点と
合わせて、同条約（及びそれに関連する諸取極）に基づく米軍の行動を、
法律上・条約上十分に規制する対象の枠外に置くという日本政府の姿勢を
示していた。それは、米軍の行動への便宜を促進する効果をもたらした半
面、安保条約等に基づく諸取極の空洞化・形骸化に結びつくものであっ
た。翌1974年の9月、米国海軍のラロック元少将は、米国議会の公聴会
で、「核兵器を搭載した米軍の艦船が日本に寄港する際、核兵器を撤去す
ることはあり得ない」（75）と発言した（ラロック証言）。これは「核兵器
を日本の国内に持ち込ませない」とした「非核三原則」及び「日本政府は
米軍による核兵器の持ち込みを拒否できる」とした「事前協議」制度の実
効性に疑問を投げかけるものであった。さらに、「事前協議」制度には協
議に際して日本が拒否する権利を明示しておらず、それを補う手段が日本
政府側に備わっていないことを「ラロック証言」は露呈していた。

自衛隊をめぐる答弁

　1972年9月の国会で、政府は「集団的自衛権を憲法上行使できないとい
っても、実は行使することを考えているのではないか」との質問への回答
として、集団的自衛権に関する政府「資料」を作成し提出した。そこに
は、日本国憲法の下で「許される武力の行使」が「国の武力攻撃によって
国民の生命、自由及び幸福追求の権利が根底から覆されるという急迫・不
正の侵害に対処する場合に止むを得ない措置として初めて容認される」ゆ
えに、「他国に加えられた武力攻撃を阻止することをその内容とする、い

78

わゆる集団的自衛権の行使は、憲法上許されない」と記されていた(76)。また、翌1973年の国会で、吉国法制局長官は、「日本は、朝鮮半島に駐留する国連軍に対し、国連軍地位協定に基づいて一定の協力をすることになっているが、当該国連軍に部隊として参加することは憲法上許されない」、「国連軍が撤退した後の韓国に（自衛隊が）出動する場合、武力行使を伴う海外派兵は憲法上認められないが、武力行使が予想されないような状態において、平和目的に限られた範囲内で行動する場合に限って憲法上許される」(77)と答弁した。これらは、日本が自国の領域外で軍事面での活動に踏み切るのを否定するものとなっていた。

　また、核兵器の保有についても、吉国は、「防御用専門の兵器であるのならば、核兵器か通常兵器かを問わず、日本が保有することは憲法上可能であるが、日本政府は非核三原則を厳守しており、核兵器を持つことは絶対になく、原子力の利用は原子力基本法によって平和目的に限定されている」(78)と、「核兵器の不保持は法律上というよりも政策上の判断を基調とする」という従来通りの答弁を繰り返した。1974年5月には、田中内閣の大平正芳・外相が訪米した際にニクソン米国大統領との会談の場で、「日本に核兵器を開発する意思はない」(79)と、日本がNPTに参加するのを望む米国政府の方針に沿う旨を明言した。

　しかし、その一方で吉国は、1972年の国会で「自衛隊が公海上からミサイルを発射する行為は、海外派兵に該当するか」との質問に対し、「その行為自体が憲法第9条の許容している自衛行動の範囲内になるか否かで検討しなければならない問題である」とした上で、「当該ミサイルの性能あるいはミサイルが発射された時の状況等によって判断しなければならない」(80)と、明言を避けた。また、1975年には、「日本への武力攻撃に際して、自衛隊と米軍が共同して対処する場合の活動範囲は、戦闘状態に入る前は公海に及び得るとは考えられないが、戦闘状態に至った後は、必ずしも（日本の）領土、領海に限らないのではないかと思われ、この点は検

討しなければ回答が難しい」(81) と、自衛隊による自国の防衛活動が日本の領域内に留まるとは明言していなかった。

　一方、同年の12月、米国のフォード大統領は、演説の中で「太平洋ドクトリン」を発表した。そこでは、「米国の強さこそが、太平洋における全ての安定した勢力均衡の基礎である」とした上で、「日本との協力関係は、米国の戦略を推進する上での支柱である」(82) と、日米安保協力を重視する考えを表明していた。

［注］

⑴ 『朝日新聞』1964年11月5日。

⑵ 同上、1964年11月18日。

⑶ 『第47回国会衆議院予算委員会議録第8号』1964年12月7日、8頁。

⑷ 『第47回国会衆議院予算委員会第1分科会議録第3号』1965年2月24日、17頁。

⑸ 『朝日新聞』1964年11月18日。

⑹ 「三矢研究」の内容については、纐纈厚『文民統制　自衛隊はどこへ行くのか』岩波書店、2005年、42-44頁。

⑺ 『朝日新聞』1965年2月16日。

⑻ ⑼ 『第48回国会衆議院予算委員会議録第21号』1965年5月31日、26頁。

⑽ 同上、6頁。

⑾ 西村『安全保障条約論』時事通信社、1959年。本文は、同『サンフランシスコ平和条約・日米安保条約』中公文庫、1999年、66頁。

⑿ 『第58回国会参議院予算委員会会議録第12号』1968年4月3日、27-28頁。

⒀ 『第58回国会衆議院外務委員会議録第2号』1968年3月6日、8頁。

⒁ 『朝日新聞』1965年5月3日。

⒂ 『第61回国会衆議院予算委員会議録第8号』1969年2月10日、32頁。

⒃ 『第58回国会衆議院外務委員会議録第2号』1968年3月6日、8頁。

⒄ 同上、11頁。

⒅ 同上、12頁。

⒆ 『第58回国会衆議院予算委員会議録第18号』1968年3月17日、6頁。

⒇ 前掲書『日米関係資料集』771頁。

(21) (22) (23) 『第48回国会衆議院予算委員会議録第17号』1965年3月2日、30頁。

(24) 同上、31頁。

(25) 同上、32頁。

(26) 『第51回国会衆議院予算委員会議録第22号』1966年3月5日、11頁。

(27) 『第56回国会参議院本会議録第3号』1967年7月31日、24頁。

(28) Rusk's Memorandum for the President,September4,1967.in National Security Files, Lyndon B. Johnson Library.

(29) 『第63回国会参議院予算委員会会議録第22号』1970年4月17日、12頁。

(30) 渡辺洋三・岡倉古志郎編『日米安保条約―その解説と資料』労働旬報社、1970年、148－162頁。

(31) 同上、168－176頁。

(32) 『朝日新聞』1967年8月9日。

(33) 同上、1967年8月29日。

(34) 同上、1968年6月18日。

(35) 同上、1968年6月11日。

(36) National Security Decision Memorandum〔NSDM〕13.May28,1969.

(37) 『第58回国会衆議院本会議録第3号』1968年1月30日、11頁。

(38) (39) 『第61回国会参議院予算委員会会議録第21号』1969年3月31日、14頁。

(40) 『第61回国会衆議院予算委員会会議録第14号』1969年2月19日、27頁。

(41) 『第61回国会参議院予算委員会会議録第22号』1969年4月1日、21頁。

(42) 『第67回国会衆議院予算委員会会議録第5号』1971年10月29日、22頁。

(43) 『第65回国会衆議院内閣委員会会議録第20号』1971年5月7日、26頁。

(44) Embtel2067,Tokyo to Secretary of State,December29,1964,NSA,No400.加瀬みき『大統領宛日本国首相の極秘ファイル』毎日新聞社、1999年、24頁。

(45) 欧亜局英連邦課「第4回日英定期協議議事録（佐藤総理・ステュアート英外相会議）」1965年10月20日、第18回戦後外交記録公開主要案件、日本・英国間外交、日英定期協議関係、第4回会談関係、 (6) 大臣会談議事録、佐藤総理・ステュアート外相会談議事録、A'427.外務省外交資料館。

(46) 黒崎輝『核兵器と日米関係―アメリカの核不拡散外交と日本の選択1960－1976』有志舎、2006年、191頁。

(47) Memocon, Sato and Johnson, January12,1965. NSF,CO,Japan,1/11－14/65 Sato's Visit Memo & Cables,Box253, Lyndon B. Johnson Library.

(48) Memorandum For the President Your Meetings with Prime Minister Sato. National Security Files, Lyndon B. Johnson Papers, Lyndon B. Johnson Library.

(49) 楠田實『楠田實日記―佐藤栄作総理首席秘書官の2000日』中央公論新社、2001年、260頁。

(50) (51) (52) 『第61回国会衆議院予算委員会議録第3号』1969年2月4日、4頁。

(53) 『第61回国会衆議院予算委員会会議録第8号』1969年2月10日、20頁。

(54) 『第61回国会参議院予算委員会会議録第9号』1969年3月10日、4－8頁。

(55) 『第61回国会参議院予算委員会会議録第22号』1969年4月1日、22頁。

(56) 『第61回国会衆議院内閣委員会会議録第35号』1969年6月24日、9頁。

(57) 佐藤・ニクソン共同声明の全文は、前掲書『日米関係資料集』786－789頁。

(58) op.cit.〔NSDM〕13.

(59) 『朝日新聞』1970年8月24日。

(60) 『第61回国会衆議院内閣委員会会議録第33号』1969年6月19日、14頁。

(61) Informal Remarks on Guam With Newsmen July25,1969. *Public Papers of the Presidents: Richard Nixon, 1969,*pp544－566.

(62) 『第65回国会衆議院内閣委員会会議録第25号』1971年5月14日、12頁。

(63) 『朝日新聞』1971年6月18日。

(64) 『第67回国会衆議院沖縄返還協定特別委員会議録第5号』1971年11月15日、26頁。

(65) 『第67回国会参議院沖縄及び北方問題に関する特別委員会継続（閉会中）会議録第1号』1971年12月28日、50頁。

(66) 『第70回国会衆議院予算委員会議録第2号』1972年11月2日、20頁。

(67) 『第63回国会衆議院予算委員会議録第3号』1970年2月23日、4頁。

(68) 毛里和子・増田弘監訳『周恩来　キッシンジャー機密会談録』岩波書店、2004年、39頁。

(69) 前掲書『楠田實日記』812－813頁。

(70) 石井明他編『記録と考証　日中国交正常化・日中平和友好条約締結交渉』岩波書店、2003年、57頁。

(71) 札幌地裁判決1973年9月7日付。

(72) 『第71回国会参議院内閣委員会議録第27号』1973年9月13日、25頁。

(73) 同上、12頁。

(74) 同上、14頁。なお、長沼ナイキ事件は、2審の札幌高等裁判所判決（1976年8月5日）が「自衛隊の違憲性は本来裁判の対象となり得るが、高度に政治性のある国家行為は極めて明確に違憲無効と認められない限り、司法審査の対象外となる」と併記し、最高裁判所第1小法廷判決（1982年9月9日）が自衛隊の違憲審査を回避した上で、共に保安林の解除処分を有効であると認め、原告住民の敗訴が確定した。

(75) 『朝日新聞』1974年10月7日。

(76) 佐瀬昌盛『集団的自衛権』PHP新書、2001年、131－132頁。

(77) 『第71回国会衆議院決算委員会議録第25号』1973年9月19日、20頁。

(78) 『第71回国会衆議院内閣委員会議録第34号』1973年6月26日、49頁。

(79) 「大平外務大臣・ニクソン大統領会談記録」1974年5月21日、外務省開示文書2002－1060。

(80) 『第69回国会参議院決算委員会継続（閉会中）会議録第5号』1972年9月14日、8頁。

(81) 『第75回国会衆議院予算委員会議録第23号』1975年6月9日、18頁。

(82) Address at the University of Hawaii, December7,1975.*Public Papers of the Presidents: Gerald Ford,1975.* pp1950－1955.

第4章 「同盟」でない「同盟」
─対米便宜供与と集団的自衛権論

1、自衛力をめぐる動向

「自衛力の限界」をめぐる答弁

　1978年の国会で、「航空自衛隊のＦ15戦闘機が空中給油装置を備えるのは、憲法第9条によって日本が放棄した、他国への『武力による威嚇』に該当し、日本に保持することが許される自衛力の限界を逸脱しているのではないか」との質問が提起された。これに対して、内閣法制局長官の真田秀夫（吉国一郎の後任）は、「仮に軍事技術が進歩して、（日本以外の国が武器として）竹槍しか持たないのに、日本だけが機関銃を持てば、（日本が）他国への脅威を与えるかもしれないが、その時点における軍事科学が進歩している度合に応じて、日本が憲法第9条第2項により保持するのを許されている自衛力の限度についても、変化があって然るべきだ」(1)と応じた。しかし、彼は答弁の中で、「自衛力の限界」を決める具体的な基準を明確にしなかった。

　これに先立つ1976年の10月、日本政府（三木武夫内閣）は、「防衛計画の大綱」を決定していた。これは、「平時において十分な警戒態勢を取り得ると共に限定的かつ小規模な侵略の事態に有効に対処する」ために、自衛隊が編成及び主要装備の面で「今後達成すべき水準」として、隊員及び武器の数等「量」に関しての具体案（陸上自衛隊が12個師団に戦車約1,200

「同盟」でない「同盟」　83

両、海上自衛隊が機動運用護衛艦部隊4個群に護衛艦約60隻、航空自衛隊が要撃戦闘機部隊10個に戦闘機約350機、等）を示していた (2)。しかし、そこには、部隊の実戦力及び武器・兵器の性能に関わる「質」に関する記載がなく、防衛力が実質上増強される余地が残されていた (3)。

さらに同時期、三木内閣は、「防衛予算が国民総生産（GNP）に占める割合の上限を1パーセント以内に抑える」という閣議決定を下した (4)。しかし、戦後の日本における防衛予算は、当初はGNP自体が小規模だったために1パーセントを上回る年が続いていたものの、1967年以降は1パーセント以下の水準を維持し続け、他方でGNPの成長率は年を追うごとに高まっていた。従って、「1パーセント以内」という上限は、防衛費のGNPに対する比率を一定の水準に安定させ、「絶対的にも相対的にも、極めて重要な軍備拡張を実現」する手段となり得るものであった (5)。

こうした動きの中で、「自衛力の限度を決める条件が変わり得る」とした真田の答弁（前出）は、結果として、「自衛隊を質及び量の両面で拡充しよう」とする政府の方針に沿う形となっていた。さらに、1980年12月、国会での質問に対する政府（鈴木善幸内閣）の答弁書では、「憲法第9条第2項は『戦力』の保持を禁止しているが、このことは、自衛のための必要最小限度の実力（自衛力）を保持することまで禁止する趣旨のものではなく、これを超える実力を保持することを禁止する趣旨のものであると解している」 (6) と記されていた。しかし、ここでも、上述した真田の答弁と同様に、「戦力」と「自衛力」を区別する具体的な基準は示されていなかった。

核兵器の保有をめぐる答弁

また、同じ1976年の5月、日本の国会は、NPT（前出、核拡散防止条約、第3章を参照）を批准し、同年6月、日本は同条約への加盟を実現していた。これに関連して、1978年3月の国会では、「『日本が自衛する目

的で必要最小限の範囲内における核兵器の保持を禁止されていない』とする政府の解釈は、『日本国が締結した条約及び確立された国際法規は、誠実に遵守する必要がある』と定めた憲法第98条第2項に違反するのではないか」との質問がなされた。

　これに対して、法制局長官の真田は、「憲法の条文には、第21条第2項（検閲の禁止）、第36条第2項（公務員による拷問及び残虐な刑罰の禁止）、第39条（遡及処罰の禁止）等、条文自体が具体的な規範内容を持っているものと、第73条第1号（内閣は法律を誠実に執行する）や第98条第2項（上述）のように、条文自体が具体的な規範内容を持たず、条文が引用する条約及び法律に規範内容の実質を委ねているものとがある」とした上で、核兵器の保有に関する政府の基本方針について、「日本は、『防御的（自衛を目的とする）な性質の核兵器を保有するのを憲法第9条第2項で禁止されていないが、原子力基本法第2条（原子力の研究、開発、及び利用は、平和の目的に限る）によって核兵器を保持することは認められない』とする方針を採っており、これと同様に、日本は憲法第9条第2項によっても核兵器の保有を禁じられないものの、NPTに加盟した以上、同条約を遵守しなければならず、従って、現在の日本は、小型の核兵器でも保有し得ない」(7)との解釈を示した。

　このNPTの批准をめぐり、与党の自民党内には反対する勢力の抵抗が根強く、その一部からは核武装の選択を提唱する声も上がっていた。これに対処するため、自民党内のNPT批准を推進する一派及び日本政府は、「日米安保条約に基づく対日防衛の意思」を米国側に再確認することの実現を目指した(8)。そして、1975年の8月、三木首相は訪米し、米国のフォード大統領との間で共同新聞発表を実施した。そこには、「米国の核抑止力は、日本の安全に対し、重要な寄与を行うものであることを認識した」上で、「核兵力であれ通常兵力であれ、日本への武力攻撃があった場合、米国は日本を防衛するという日米安保条約に基づく誓約を引き続き守

「同盟」でない「同盟」　85

る旨」(9) が記されていた。これは、日本側の望んだ「米国による対日防衛」の保証に他ならなかった。

　さらに、三木内閣の宮沢喜一・外相は、自民党側に、NPTを批准する際の条件として、「（米軍による核兵器の日本への持ち込みに関する）事前協議は条約論で処理する」ことを提示した。これは、「日米安保条約の建前上、（実際に日本政府が核兵器の持ち込みを受け入れるか否かは別として）核兵器の持ち込みを認める場合もあり得る」という体裁を整えたものであった(10) 。そして、これにより、自民党はNPTの批准に同意することとなった。

　こうした流れの中で示された「自衛を目的とする核兵器の保有は憲法第9条により禁じられていないが、NPTの批准により核兵器全般の保持が禁じられている」とした真田による答弁（前出）は、「核兵器を保持する可能性を全否定せずに、米国の核抑止による安全保障体制を受け入れることで日米両国間の良好な関係を維持する」という日本政府の方針と軌を一にしていた。それはさらに、「日米安保協力を堅持すると同時に、核兵器の保有国が（日本を含めて）拡大するのを防ぐ」という米国政府の意図にも即応したものであった。

自衛隊の活動内容をめぐる答弁

　先述した1978年1月の国会では、「防衛庁から米国側への『航空自衛隊の飛行士への戦闘技術訓練を米国で行いたい』という申し入れを米国側が了解したとの報道」が取り上げられた。そして、「これが実現すると、航空自衛隊の保持する戦力が継続して海外に出ることとなり、さらには自衛隊の施設を海外に設置するようになれば、現行の自衛隊法、防衛庁設置法、さらには憲法上の問題となるのではないか」との質問が提起された。

　これに対して真田法制局長官は、「自衛隊が日本の独立と平和を守るために必要な訓練を行うことは、防衛庁設置法にも明記されて」おり、「自

衛隊の部隊が武力を行使する目的で外国の領土・領海・領空に派遣される『海外派兵』は、日本が自衛するために必要な最小限度を超えるゆえに憲法第9条に照らして許されないが、仮に自衛隊を相当な期間をもって米国に派遣したとしても、それは武力を行使するのではなく、教育訓練を受けるものである」と述べた。そして、問題となった航空自衛隊の訓練を、「海上自衛隊が公海あるいは外国の領海内でも訓練を受けることがあるが、このことが憲法上・法律上問題にならないのと同様の性質を持つと考えられる」(11)と位置付けた。しかし、この答弁は、こうした「訓練」が「武力行使」に備えた、密接不可分なものであるという点を指摘していなかった。

　さらに同年2月、「北東アジアで日米両国が防衛分担を行うというのは、憲法第9条に違反するのではないか」との国会での質問に、真田は、「日本は独立国として固有の自衛権及びそれを裏付けるための自衛力を持っており、米軍は日米安保条約に基づき、日本から施設及び区域の提供を受けて極東の平和を維持する役割を担っている」と述べた。その上で、「日本の自衛力は自国を防衛するのが目的であり、米国を守るためのものではなく、また日本が集団的自衛権を行使することは憲法上禁止されている」との見解を示した上で、「（防衛）分担という言葉が、（日米間で）何か共同活動のような意味合いに受け取られても、それが憲法に違反するか否かを答えるのは難しい」ゆえに、「日本は自国を守るために、憲法の範囲内で許された手段を自主的に保持し得るものであり、その保持する範囲を政策として決定するのは、国会で予算案や法律案の審議を通してなされる」(12)と答弁した。そこには「分担」と「共同活動」を区別する具体的な基準は何ら示されず、その決定を政府に委ねるという立場が表明されていた。

　また同じ月、「日本が将来、海上で物資を輸送する際の安全を守るため、民間の商船にヘリコプター等の対潜水艦機器を備えることは、法制上

可能か」との質問に、真田は、「現行の法制では、商船が潜水艦に対する攻撃用の武器を備えることは許されない」と応えたものの、「有事の際、商船が自衛のためにそのような装備を持つ必要に迫られた場合、それに対応するための法制化がなされても、憲法違反にはならない」(13)と付言していた。これは、「有事に備えた具体的な対応を国会の立法に全て委ねる」という姿勢の表明に他ならなかった。

自衛隊の国外活動をめぐる答弁

1980年5月の国会で、内閣法制局長官の角田礼次郎（真田の後任）は、自衛隊の国連軍への参加をめぐる問いに、「憲法第9条に関して、政府は従来から、『日本の武力行使は、自衛の目的で必要最小限の範囲内に限られる』という解釈を採っており、この点に照らして、武力行使を伴うような目的及び任務を持っている国連軍に自衛隊が参加するのは、自衛目的の範囲内を越えることになる」(14)と答弁した。その一方、「自衛隊法の中には、自衛隊の任務として『国連軍への参加』を規定しておらず、それゆえ、現行の法律を根拠とする限り、自衛隊が国連軍に参加して活動することは許されない」(15)と、「法律で規定されるならば自衛隊が国連軍と共同して活動することを否定しない」(16)と取り得る見解を続けて述べていた。

また、角田は、「自衛隊が武力行使を伴わずに海外で活動する任務は、南極の観測への支援等、自衛隊法に規定されており、それに基づいて実施されている」(17)、「自衛隊の行動する地理上の範囲は、自衛の目的で必要最小限の範囲内に留まる場合、必ずしも日本の領域内に限定されず、公海や公空にも及び得る」(18)、「自衛隊が中近東のような遠方に出動することに関しても、自衛隊の任務・目的・権限に該当する活動でなければ、日本からの距離に関係なく許されない」(19)と、やはり、「法律の規定次第で自衛隊の活動領域が変わり得る」という趣旨を繰り返していた。

こうした質疑応答に先立ち、同年10月、日本政府（鈴木善幸内閣）は、「自衛隊の海外派兵」に関する質問の答弁書で、「いわゆる『国連軍』は、個々の事例によりその目的が異なるので、それへの（自衛隊の）参加を一律に論ずることはできないが、当該『国連軍』の目的・任務が武力行使を伴うものであれば、自衛隊がこれに参加することは憲法上許されないと考えている」けれども、「当該『国連軍』の目的・任務が武力行使を伴わないものであれば、自衛隊がこれに参加することは憲法上許されないわけではないが、現行自衛隊法上は自衛隊にそのような任務を与えていないので、これに参加することは許されないと考えている」とした。その上で、「我が国としては、国連の『平和維持活動』が国連の第一義的目的である国際の平和と安全の維持に重要な役割を果たしていると認識して」おり、「このような観点から、国連の平和維持活動に対し、従来から実施している財政面における協力に加え、現行法令下で可能な要員の派遣、資機材の供与による協力を検討していきたいと考えている」[20] と記していた。また、同年12月に出された答弁書（前出）では、「従来、『いわゆる海外派兵とは、一般的にいえば、武力行使の目的をもって武装した部隊を他国の領土、領海、領空に派遣することである』と定義づけて説明されているが、このような海外派兵は、一般に自衛のための必要最小限度を超えるものであって、憲法上許されない」[21] と記していた。

　上記の答弁書はいずれも、「自衛隊には武力行使を伴う活動が許されない」という解釈を述べていた。しかし、そこには、自衛隊の活動を制約する際の根拠となる「自衛する目的での必要最小限の範囲」について、具体的な内容が何ら記されていなかった。

　さらに翌1981年３月の国会で、「現行の防衛政策上使用されている『専守防衛』という言葉の意味は何か」との質問に、伊藤正義・外相は「（日本が）武力攻撃を受けた時に初めて防衛力を行使するという、受動的な防衛戦略の姿勢であり、（日本が）防衛力を行使する態様及び防衛力（の規

模）も自衛のための必要最小限度に留めるという意味として、自分では使っている」[22] と述べ、角田法制局長官も「専守防衛とは、法律上の用語ではないが、憲法（第9条）の精神に則った、日本にとって基本的な防衛政策の態度を表現している」[23] と、伊藤の見解を補足するように答弁した。しかし、法制局が「自衛隊の活動領域が法律上明確に制約されていない」という立場（上述）を採っている以上、「専守防衛」という方針が、「自衛隊の行動範囲を日本国内での防衛行動に限定する」ための有効な歯止めとは言い難かった。

2、対米便宜供与の拡充

「思いやり予算」をめぐる答弁

　1978年の国会で、在日米軍の駐留経費に関する問題が議論の俎上に上った。

　元来、改定安保条約と同時に締結された地位協定（第2章を参照）では、駐留経費を日米両国間で負担する区分として、日本側が在日米軍の施設・区域の提供に要する経費を、米国側が同施設・区域の提供後における米軍の維持費の全額を夫々負担する（同第24条）こととなっていた。そして、この規定に基づいて、在日米軍基地で働く日本人の給与・福利厚生費は米国政府が支払っていた。

　しかし、その後、米国はベトナム戦争への介入（第3章を参照）に伴う財政支出の増加に加え、1970年代から顕在化した円高・ドル安及び第一次オイルショック（1973年）による日本国内での物価・人権費の上昇に直面した。こうした事態に米国政府は在日米軍の維持費負担分を軽減しようと、日本政府に負担の増加を求めてきた。その結果、日本政府は、1977年12月、日本人従業員の人件費を翌1978年の4月分から負担するのに続き、

翌1978年5月には、在日米軍の駐留経費に関する負担分の増加にも同意した。こうした支出について金丸信・防衛庁長官は国会で、「日米安保条約が（日本にとって）不可欠である以上、日本自体が考えて行う思いやりというものがあって然るべきではないか」(24)と述べ、この発言から、駐留経費の増加負担分を「思いやり予算」と称するようになった。

この発言に関して、「地位協定第24条をどのように解釈すれば、（日本側が）施設費や労務費を支出することができるのか」との質問に、真田法制局長官は、「同条は、経費の分担に関する一般的な原則を規定している」とした上で、「同条に基づいていかなる支出が日本側に可能かに関しては、所管する防衛施設庁が検討している段階であり、法制局が、『いかなる項目で支出が可能か否か』を申し上げるような立場ではない」ゆえに、「施設庁や外務省から『このような支出が同条に違反しないか否か』と相談された場合、回答することになる」(25)と答弁した。法制局側が、こうした「相談」を「義務」と位置付けなかったことは、政府の裁量によって米軍の財政負担に便宜を図ることを助長する意味を持っていた。

「核持ち込み」をめぐる答弁

1981年5月、池田内閣時代に駐日米国大使を務めたE・ライシャワー（前出、ハーバード大学教授）は、『毎日新聞』の記者からの取材に、「日米両国政府間の口頭了解に基づき、核兵器を搭載した米軍艦艇の日本への寄港及び日本領海内の通過は日米安保条約に基づく事前協議の対象外とされ、日本政府もそれを事実上黙認してきた」(26)と述べた（ライシャワー発言）。これは、「米軍による核兵器の日本国内への持ち込みは、事前協議の対象となり、日本政府は事前協議の結果、核兵器の持ち込みを拒否する」と日本政府が従来表明してきた見解と異なるものであった。

そして、この発言をめぐり、同月の国会で、「安保条約第6条及び同条に関する交換公文には、日本国内の施設及び区域を使用していない米軍の

装備（核兵器を含む）について、日本政府が制限することは可能である、という内容が含まれているか」との問いに、角田法制局長官は、「この交換公文に記されている『同軍隊』とは、日本国内の施設及び区域を使用する又は日本に配備された軍隊に限らない、と解釈すべきである」(27)と答弁した。これに対し、「そのような解釈では、日本の領海と関係なく公海上にある米軍に対しても日本側が制限を及ぼし得るようなことになる」との追及に、角田は、「安保条約は日本に関係する米軍に適用されるゆえ、日本と全く関係のない米軍に適用されるということは、論理的にはあり得ない」(28)と応じた。これは、「日本に寄港した」ことを以て「日本と関係を持った」米軍が、「核持ち込みに関する事前協議の対象となる」と解釈し得る内容を含んでいた。

　しかし、1983年4月の国会で、「日本政府は、『（核兵器の持ち込みに関する）事前協議が行われないゆえ、日本国内に核兵器が持ち込まれていない』と説明しているが、米国側は核兵器を保持しているか否かを明らかにしない方針を採っているのに、日本と事前協議する際に『我々は核兵器を保持している』と明らかにして、（日本側から核兵器の持ち込みを）拒否されるのを承知で事前協議を行うとは考えられない」との疑問が提起された。これに対し、中曽根康弘内閣の安倍晋太郎・外相は、「米国側は、日本が事前協議の結果として（核兵器の持ち込みを）拒否するということを承知しており、その上で安保条約及び（事前協議等の）関連取極めを遵守するという姿勢を表明している」とした上で、「日本政府は、そのような米国政府の見解を支持し信頼している」(29)と答弁した。

　そして、これに続く「拒否されることが分かっていて事前協議を申し込むとは考えられず、本来事前協議というのは、個々の事例により同意することも拒否する場合もあるのではないか」との問いに、角田法制局長官は、「（事前協議等）制度の建前とそれが現実に運用される間に、そのような形式的な違いが出てくるのは、よくあり得る」(30)と応じ、質問の趣

旨を否定しなかった。「米国による核兵器の持ち込みを日本側が拒否し得るか」については、次第に疑念が深まりつつあった。

「核持ち込み」をめぐる日米両国政府の動向

実は、改定安保条約の締結に先立つ1959年6月、岸内閣の藤山愛一郎・外相は米国のマッカーサー駐日大使との間で、安保条約第6条に関する交換公文の解釈に関わる「討議の記録」という文書に署名した。そして、同文書の第2項Cは、「『事前協議』は、米軍とその装備の日本への配置、米軍機の立ち入り（entry）、及び米国艦船の日本領海や港湾への立ち入り（entry）に関する現行の手続きに影響を与えない。ただし、合衆国軍隊の配置における重要な変更の場合を除く」(31)と記していた。米国側はこれによって、「米軍艦及び軍用機が核兵器を搭載したままで日本に寄港すること及び日本の領海を通過することが事前協議の対象とならないと、日本側が了解した」と受け取っていた。

しかし、日本側は、「討議の記録」を地位協定第5条（米国の船舶が日本に入港する際の通告義務を規定する）に関係するものと捉え、米軍艦等による日本への「一時立ち寄り」と関連づけて理解していなかった(32)。この結果、改定安保条約が成立した後の日本政府側からは、1963年3月に池田勇人・首相が、米国のノーチラス型原子力潜水艦の寄港をめぐり、「核兵器を装備する艦船の入港は事前協議の対象となり、日本としては当然、核兵器の持ち込みを断る」(33)と答弁し、1968年1月に米空母エンタープライズが佐世保に入港する際、佐藤内閣の三木武夫・外相（前出、後の首相）がA・ジョンソン駐日米国大使に、「同艦による『核持ち込み』の疑惑を払拭する方法はないか」と問いかける(34)など、「討議の記録」の趣旨が引き継がれていないと疑われる事態が続いた。

こうした発言は、自らの保有する核兵器による紛争の抑止（核抑止）を根幹とする米国の安全保障政策に重大な影響を及ぼすものであった(35)。

そして、これを懸念した米国側は、1963年4月、ライシャワー駐日米国大使が池田内閣の大平正芳・外相と会談し、「討議の記録」に基づき米軍艦・軍用機の核付き寄港・通過を事前協議の対象外とする米国政府の方針及び米軍が核兵器の運用に関して否定も肯定もしない（NCND）政策を説明し、理解を求めた (36)。また、1968年1月、三木外相と会談した直後のジョンソン米国大使は、外務省の牛場信彦・事務次官と東郷文彦・北米局長に、「討議の記録」に関してライシャワー大使と同様の説明を行った (37)。

そして、ジョンソン大使から説明を受けた牛場と東郷は、「事前協議に関する日米両国の理解における相違を埋めるのは困難である」と考え、「米軍艦・軍用機の核付き寄港・通過を事前協議の対象外とする」旨を歴代の首相・外相に説明していくこととなった (38)。

このような経緯は、「米国の核抑止力に日本の安全を依存する」という日本政府の方針を示していた。そして、事前協議の運用について、米国に便宜を図るような法制局側の答弁は、政府の安全保障政策を側面支援する効果を持っていた。さらに1985年4月、茂串俊・法制局長官（角田の後任）は国会で、「事前協議とは、米軍による一定の行動に制約を加えることを目的としており、そのような制度の性格に照らして、当該協議は米国側から提起すべきものであり、日本側から協議を申し込むという筋合いの問題ではない」 (39) と事前協議に関する主導権が米国側にある旨を述べた。

米軍への基地の提供をめぐる答弁

1981年5月の国会で、「極東での有事に際して沖縄の基地に駐留する米軍が出動する場合、日本政府が事前協議した上で同意するならば、米国と戦う相手の国は、日本に対して戦闘行動に及ぶということに一種の正当性、あるいは合法性を得ることになり、それは日本にとって危険ではない

か」との質問が提起された。これに対して角田法制局長官は、「国連憲章の下では、集団安全保障措置に基づく場合か自衛権を行使する場合以外に武力を行使することは禁じられている以上、米軍の（軍事）行動は、相手国からの侵略行為があった場合にのみ行われるものであり、こうした侵略を排除するために米軍の採る行動が、日本の施設・区域の使用を伴う際、米軍と戦う相手の国が日本に対して報復攻撃を行うことは、日本に対する侵略であり、国際法上認められない、というのが日本政府の立場である」と述べた。その上で彼は、「第2次世界大戦以前における戦争というものの概念からすると、戦争の際、交戦国以外は中立国としての義務を負わねばならず、交戦国への基地の提供等は禁止されていたが、国連憲章の下においては、集団安全保障措置及び自衛権の行使以外の戦争は全て違法となるゆえ、交戦国以外が中立の義務を負うなどということはあり得ず、従って、（米国による）自衛権の行使に対して（日本が）基地を提供するようなことは禁止されていない」[40] と答弁し、問いへの直接の回答に及ばなかった。

さらに翌1982年4月の国会で、「仮に朝鮮半島などで有事となった際、米軍が自衛隊の基地を使用するのは、安保条約に基づいて日本が米軍に提供している基地を使用するのと性格が違うのではないか」との問いに、角田は、「現行の安保条約では、有事の際に米軍が自衛隊の基地を日本側と共同で使用することも含めて米軍に基地を提供しており、有事であるか否かを問わず、米軍による基地の使用ということに変わりはない」[41] と応じた。これは、米軍への便宜供与を肯定するものとなっていた。

これに先立つ沖縄の日本本土への復帰（1972年5月15日）と同日、日米両国政府は、返還後の沖縄における米軍基地の使用条件を定めた秘密合意文書「5・15メモ」を締結した。その「国際連合の軍隊（国連軍）による在沖縄合衆国施設・区域の使用」という部分には、嘉手納飛行場、ホワイト・ビーチ、普天間飛行場が、国連軍の使用し得る基地として明記されて

いた (42)。既に日本が締結していた国連軍地位協定（前出、第1章を参照）第5条では、「国連軍が日本国内の施設及び日米安保条約に基づいて米軍が日本国内で使用する施設・区域を使用する」と規定していた。そしてこれは、朝鮮半島で再び戦争等が勃発した際に、米軍を含む国連軍が沖縄の基地を拠点として自由に活動することに便宜を図るものであった。

　さらに外務省は、安保条約に基づき米軍が日本に駐留する際の条件を定めた地位協定（1960年）の解釈・運用を解説した「日米地位協定の考え方」（1973年4月）及びその増補版（1983年12月）を作成した。この増補版では、地位協定第2条第1項a（米軍への日本国内における施設・区域の提供及びその返還を規定する）に関して、「米側は、日本国の施政下にある領域内であればどこにでも施設・区域の提供を求める権利が認められている」とした上で、「地位協定が個々の施設・区域の提供を日本国の個別の同意に拠らしめていることは、安保条約第6条の施設・区域の提供目的に合致した米側の提供要求を日本国が合理的な理由なしに拒否し得ることを意味するものでは」なく、「特定の施設・区域の要否は、本来は安保条約の目的、その時の国際情勢及び当該施設・区域の機能を総合して判断されるべきものであろうが、かかる判断を個々の施設・区域について行うことは実際問題として困難で」あり、「むしろ、安保条約は、かかる判断については、日米間に基本的な意見の一致があることを前提として成り立っていると理解すべきである」との一節及びこれに関する「注15」として、「かかる判断について、常に日米間に意見の不一致があり得るとすれば、単に施設・区域の円滑な提供は不可能であるばかりでなく、日本国が自国の安全保障を米国に依存することの妥当性自体が否定されることとなろう」との一文が記されていた (43)。これもまた、米軍が日本国内の基地を使用する際に支障をきたさないようにと便宜を図る姿勢を示していた。

　こうした点に照らし、米軍による日本国内基地の使用を促進するような法制局側の答弁（上述）は、日本政府の安保条約に関する方針に沿ったも

のとなっていた。

「武器輸出三原則」の緩和と法制局

　一方、これに先立つ1967年の国会で、佐藤栄作・首相は「戦争をしている国、共産主義圏の国、及び国連の決議によって武器等を輸出するのを禁じられている国に日本は武器を輸出してはならない」(44) とする「武器輸出三原則（以下、三原則とも略す）」を表明した。さらに1976年には、三木武夫・首相が国会で、「三原則の対象地域（上述）には、武器の輸出を認めないのに加え、それ以外の地域には、憲法及び外国為替管理法の精神に則り、武器の輸出を慎むものとする」(45) という政府の統一方針を公表し、国外への武器の輸出を事実上禁止するという対応が採られるに至った。

　この統一方針は、当時の吉国一郎・法制局長官が作成した原案に基づいていた (46) 。その原案では、傍点の部分が夫々「原則として認めない」、「外国為替管理法」、「慎重に対処する」となっていたが、政府側の意向により、武器の輸出を強く制約する方向に表現が改められていた (47) 。

　しかし、1981年の５月、米国政府（R・レーガン大統領の政権）は日本政府（鈴木善幸内閣）に対し、武器技術の提供を要求するようになっていた。これに対して、外務省と防衛庁は「三原則は政策であり、米国との関係においては日米安保条約が優先する」との立場から武器技術の提供に積極的な姿勢を見せたが、通産省は、「政府が従来行ってきた国会での答弁では、米国を三原則の例外としては扱っていない」として消極的な構えを示した。そして、この問題に対応するための前記した三省庁に内閣法制局も加わっての協議は、「米国が三原則の対象として位置づけられる紛争当事国となった場合」の扱いをめぐり、1年半にわたって難航した (48) 。

　この間、角田法制局長官は国会における質疑応答の中で、「憲法（第９条）は『武器の輸出を全面的に禁止しなければ違憲である』とまでは規定

「同盟」でない「同盟」　97

しておらず、『憲法の範囲内で具体的な政策がどこまで実現できるか』については、今後具体的な問題が起こった際に考えてみたい」(49)と答弁し、「武器輸出三原則」の柔軟な運用に含みを持たせていた。その後、鈴木の後を継いだ中曽根康弘・首相は武器技術の対米供与に前向きな姿勢を示し、角田長官も、「(武器の)対米供与を認めるならば、明確に内閣の政策判断として、三原則の修正という形をとるべきだ」(50)と進言するに及んだ。

そして1983年1月、中曽根内閣は「米国への武器技術の供与に応じる」ことを閣議で決定した。その後、後藤田正晴・官房長官は、この決定を「(日米両国間の)相互交流の一環として米国に武器技術(その供与を実効あらしめるため必要な物品であって武器に該当するものを含む)を供与する途を開くこととし、その供与に当たっては、武器輸出三原則によらないこととする」という談話の形で発表した。同談話は、これに加えて「本件供与は日米相互防衛援助協定(MSA協定、第1章を参照)の関連規定に基づく枠組みの下で実施することとし、これにより国際紛争を助長することを回避するという武器輸出三原則の拠って立つ平和国家としての基本理念は確保されることとなる」との一節を盛り込むことによって、前記した「米国が三原則の対象として位置付けられる紛争当事国となる」との懸念を払拭しようとする配慮がなされていた。また、後藤田は角田長官に対し、「武器輸出三原則は政策であって法律・憲法の解釈とは違うので、法制局が反対するのは筋違いだ」と説得し、角田もこの問題に関する国会での答弁を後藤田に任すことで政府の方針に従う姿勢を示した(51)。

対米武器技術の供与が三原則の「修正」でなく「例外」とされたことで、法制局側の見解が政府側に容れられるという結果にはならなかった。しかし、この経緯は、法制官僚が政府の政策方針に柔軟な姿勢をとり得ることを示していた。

3、集団的自衛権をめぐる議論

旧ガイドラインの策定

1978年11月、日本政府（福田赳夫内閣）は米国政府（J・カーター大統領の政権）との間で、「日米防衛協力のための指針（旧ガイドライン）」を決定した。これは、日米両国が「日米安保条約及びその関連取極に基づいて日米両国が有している権利及び義務に何ら影響を与えるものと解されてはならない」範囲内で、①「（日本に対する）侵略を未然に防止するための態勢」、②「日本に対する武力攻撃に際しての対処行動等」、③「日本以外の極東における事態で日本の安全に影響を与える場合の日米間の協力」について研究し、随時協議する、と定めていた。これに加えて、①には、「米国は核抑止力を保持するとともに、即応部隊を前方展開し、及び来援し得るその他の兵力を保持する」と、米軍の核兵器に日本の安全を委ねる方針が示されていた(52)。

この旧ガイドラインの作成に当たって、外務省及び防衛庁の内局は、「日本の防衛には憲法上の制約がある」として、「米軍が槍（主力）で自衛隊が盾（補助）」と役割を分担する方針で臨んだ。これに対して、自衛隊の制服組が「それでは防衛協力が本物にならない」と反発し、米国側からも「そのような形の防衛協力は受容し難い」との声が上がり、両国間の協議は難航した。その結果、①、②に関しては、自衛隊と米軍による作戦計画・後方支援等の具体的な項目を列挙した上で演習・訓練・準備を行うとされた。この方針に基づき、同年の12月、自衛隊と米軍は、「極東ソ連軍が北海道に侵攻したのに対抗して米軍が来援する」と想定した作戦計画「5051」に着手し、1981年に完成させた(53)。その一方、③については、「日本が米軍に対して行う便宜供与のあり方は、日米安保条約、その関連取極、その他の日米間の関係取極及び日本の関係法令によって規律され

る」と記されたのみで具体的な記述はなく、日本側の目的と「無関係な一項」として研究・協議の段階にとどまることとなった (54)。

しかし、その後、1980年１月に米国政府の発表した国防報告は、「米国がアジアに展開する自国の戦力を他の地域における紛争を解決するために投入する」という「スイング戦略」を採用するとした上で、「沖縄に駐留する米軍の海兵師団や空軍部隊を紛争拠点に出動させる」という具体的な構想を明らかにした (55)。1979年２月にイランではパーレビ国王の率いる親米政権が倒れてイスラム教の指導者ホメイニ師を中心とする反米政権が成立し、同年12月末にはソ連がアフガニスタンに侵攻した。こうした情勢に照らして、「スイング戦略」が中近東に照準を合わせているのはほぼ明白であった。これに対して日本の国内では、野党を中心に「『日米安保条約の適用範囲が極東に限られる』とする日本政府の解釈を拡大し、米軍は日本国内の基地から世界中どこへでも出動できるのではないか」との疑問が提起された。しかし、翌1980年２月の国会で、大平正芳内閣の大来左武郎・外相は「米軍の緊急部隊に日本が基地を提供するのは、直接の戦闘行動でなければ安保条約上問題はない」(56) と答弁していた。

自衛隊の「リムパック」への参加をめぐる答弁

1979年11月の国会で、「自衛隊が外国の軍隊と共同訓練を行うことを可能とする法的根拠は何か」という問いに、角田法制局長官は、「防衛庁設置法第５条21号には、『所掌事務の遂行に必要な教育訓練を』実施する旨が定められており、この範囲内であれば、自衛隊は外国の軍隊との間で共同訓練を実施することが可能である」(57) と答弁した。その上で彼は、「自衛隊は、こうした訓練をNATO（北大西洋条約機構）と行ってもよいのか」との追及に、「訓練における『必要』とは、合理的に説明されなければならず、当該訓練の内容が、集団的自衛権あるいは個別的自衛権の範囲を超えるか否かによって、自衛隊の演習への参加が可能な場合も不可能

な場合もあり得る」(58) と応じた。さらに、「訓練が『必要』か否かの判断は、防衛庁長官あるいは内閣総理大臣が行う場合もあり、また、国会が関与することも議論の余地がある」(59) としつつ、「特定の外国を防衛するような内容の訓練・演習に自衛隊が参加するのは、政策上ではなく、理論上なし得ない」(60) と述べたものの、訓練する「必要」を判断する際の基準を明らかにしなかった。

　結局、翌1980年２月、米国は環太平洋地域の同盟国とハワイで海軍の合同演習「リムパック」を開き、これに海上自衛隊が初めて参加した。この「リムパック」に関して、角田は同時期の国会で、「集団的自衛権の行使を前提としておらず、単なる戦術技量を向上させるための訓練と理解している」(61) ゆえに、「海上自衛隊が参加しても憲法上違反とはならない」(62) と答弁していた。しかし、彼は、「自衛隊と他国の軍隊との共同演習が集団的自衛権の行使と関連するか否か」を判断する具体的な基準を示さなかった。さらに同年の６月、日米安保条約は再び自動延長に入った。同じ月に行われた衆議院総選挙で自民党は勝利を収め、「安保条約に基づく安全保障政策を容認する」という国民の姿勢が示された。

　そして同年10月の国会で、「日米安保条約は、（米国が日本を防衛する義務を負うのに日本が米国を防衛する義務を負わないという）片務的な内容だが、これを改定して（日米両国が互いに防衛する義務を負う）双務的な内容に改めるのは、憲法上のどこに違反するか」との問いに、角田は、「（条約の双務化によって）日本が集団的自衛権を行使することになれば、憲法第９条に違反する」(63) との立場を改めて表明したものの、続く「憲法第９条を改めることにより、憲法と安保条約との関係は必然的に変化するのではないか」との問いに対しては、「そうした問題の検討は一切行っていない」(64) と答えるに留まった。

　その一方で彼は、「旧ガイドライン（前出）は、日米両国が軍事同盟としての実態を整備・促進・拡充するという、双務性を深化させる内容のも

「同盟」でない「同盟」　101

のではないのか」との質問には、「旧ガイドラインも集団的自衛権の行使を内容としておらず、憲法第9条による制約に触れないという範囲を超えた活動を決めるのは困難である」とした上で、「日本は米国あるいはそれ以外の国を問わず、集団的自衛権の行使を内容とするような共同防衛行動に参加することが憲法上認められない」[65] と答弁した。さらに翌1981年3月の国会で、「日本付近の公海上を中立国の船舶が（日本の）敵国向けの武器を積んで航行するのを日本が臨検するのは、日本が交戦権を保持していなければ困難ではないか」との問いに、角田は、「日本が自衛のために必要最小限度の実力を行使するのを認められているのは、交戦権の行使とは別である」とした上で、「一般論としては、日本を攻撃している国のために行動する船舶に対して臨検等の措置をとるのは、自衛権の行使として認められる限度内であれば可能である」[66] と応じた。

「シーレーン防衛」をめぐる答弁

　翌1981年5月、訪米した鈴木善幸・首相はレーガン大統領と会談した後、「日米安保条約に基づいて日本の防衛及び極東の平和と安全を確保するために、日米両国間における適切な役割の分担が望ましい」という内容を含む共同声明を発表した[67]。同声明では、日米関係について「同盟」という表現を初めて用いるなど、両国の緊密な連携を内外に示すものとなっていた。さらに鈴木は首脳会談を終えた後の記者会見で、「我が国が自国の周辺海域数百海里、シーレーン（海上航路帯）で1千海里の防衛に対応するのは、個別的自衛権の範囲に照らして当然だ」と述べた[68]。

　これに関して、日本政府は同じ月、「共同声明に『同盟』という表現が明記されたとしても、日米両国は新たに軍事的な結び付きを強化することを意図していない」とする統一見解を明らかにした[69]。しかし、外務省の内部からは、「軍事的な関係、安全保障を含まない同盟はナンセンスだ」との声が上がっていた[70]。

さらに、日本政府は同月29日、「日本は国際法上集団的自衛権を保持しているが、憲法第９条により自衛権の行使が必要最小限の範囲にとどまるべきものとされているため、集団的自衛権の行使は許されない」(71)とする見解を発表した。続いて翌６月の国会で、「外国に対する武力攻撃が間接的に日本の安全を害するような場合、日本と集団的自衛権との関係はどうなるのか」との質問に、角田法制局長官は、「そうした間接的な脅威に対応するには集団的自衛権の行使が伴うので、日本にとって自衛の措置を採る対象とはならない」(72)と答弁し、「集団的自衛権の行使を認めない」とする従来からの姿勢を崩そうとしなかった。

　しかし、翌1982年２月の国会で、「極東の有事に際して、日本の船舶が米国の戦略物資を輸送するのは可能か」との問いかけに、角田は「民間の船舶が（米国側と）契約を結んで輸送する場合に法律上の制約はないと思うが、（日本政府が）強制的に船舶を徴用して行うのは現行法上認め難い」(73)と応えた。そこには、「法制上可能な範囲で米国側の便宜を図ろう」との姿勢がうかがわれた。

　また、同じ国会で、「シーレーン防衛」に関連して、「日本が自衛権を行使する範囲は、公海や公空に及び得るのか」、「自衛権が公海・公空に及ぶ範囲の限界を示す憲法上の歯止めが必要ではないのか」との問いに、角田は「日本には集団的自衛権の行使が認められておらず、個別的自衛権を必要最小限の範囲で行使するように制限されている」とする政府の見解（上述）を述べた上、「国家に対する最も重大な侵害は、その領土や独立を脅かすものであるが、同時に、国家の有する艦船や航空機に対する危害を排除することも（自衛の範囲に）含まれる」ゆえに、「個別的自衛権を行使する範囲も、領海・領空・領域内に必ずしも限定されず、公海・公空にも及び得る」ものの、「公海・公空のいかなる範囲にも出動し得るというわけではなく、日本を防衛するために必要最小限度の実力を行使することのみが許される」、「自衛権の及ぶ範囲は個々の状況に応じて異なるゆ

「同盟」でない「同盟」　103

え、憲法上の規範として（自衛権の限界を）一律に決め難く、それを実質的に担保（判断）するには、シビリアン・コントロール（文民統制、第3章を参照）等の手段による以外難しい」(74) と応じた。続いて、「公海・公空での交通路を確保するために日本が実力を行使する際の態様・範囲」について、角田は「個々の状況に応じて千差万別であり一概には答え難いものの、日本を防衛するために必要最小限の範囲で許されると同時に、公海・公空上では領海・領空と同様な支配権を確立するのは困難である」(75) と応じた。しかし、一連の答弁において、「必要最小限の範囲」を具体的に示す基準は何ら示されなかった。

集団的自衛権の行使をめぐる答弁

　他方で、同時期の日米両国政府は、「極東有事」に関して研究することで合意した。しかし、その過程で、日本側の米国側に対する「基地・施設・空港・港湾の新たな提供、民間輸送業者の動員、自衛隊の米軍への支援」等の便宜供与に加えて、「朝鮮半島で大量の難民が発生した場合の対処、日韓両国による対馬海峡の防衛、（朝鮮海域等への）機雷の施設」等が検討項目に浮上した。これに日本政府（主管官庁は外務省）が、法制局と同様に「集団的自衛権の行使につながる」として難色を示し、正式に研究を開始するには至らなかった (76) 。

　しかし、1982年の9月、日米両国政府は、シーレーン防衛体制における日米両国の分担等に関し、「旧ガイドライン（前出）に基づき安保条約第5条の適用対象となる日本への有事に対する作戦研究」を開始することで一致した。その具体的な内容としては、①日本が1千海里以内で対潜哨戒、対馬・津軽・宗谷海峡の封鎖、洋上防空を担当する、②米国が1千海里内での攻撃的作戦及び2千海里を越えた領域での攻撃・防御作戦を担うことが俎上に上っていた (77) 。これは、「米軍が槍で自衛隊が盾」（前出）という役割分担の具体化に他ならなかった。

さらに翌1983年1月、訪米した中曽根康弘・首相は米紙からの取材に応じ、「日本は日米安保条約の下で『不沈空母（an unsinkable aircraft carrier）』の役割を果たす」(78) と発言するなど、「日米両国間の軍事協力を強化する」という姿勢を示した。そして、同時期の米国政府内で作成された文書は、「日本に対して、自国領域内・周辺海空域及び1千海里シーレーンの防衛を担い得るための能力を、今後10年以内に可能な限り早く増強するよう同意を求める」(79) と記していた。

　そして同年5月の国会で、「沿海州に出撃する米海軍の機動部隊を海上自衛隊が護衛するのは、個別的自衛権の範囲を超えているのではないか」との質問に、角田法制局長官は、「日本を防衛するために認められる必要最小限の範囲を超えて、自衛隊が米軍の護衛をするようなことが、共同作戦という名目であっても、常に個別的自衛権の範囲内として許されるとは限らない」(80) と答弁した。この論法は、自衛隊の活動を制約するように見える半面、「必要最小限」の具体的内容が何ら示されていないゆえに、「『個別的自衛権の行使』と称して自衛隊の活動範囲を拡大し得る」という帰結をもたらすものであった。

　さらに1986年3月、茂串法制局長官は国会で、「日本には憲法第9条の下で集団的自衛権を行使することが許されておらず、必要最小限度の範囲を超えるような集団的自衛権（を行使すること）はあり得ない」(81) と答弁した。これに対する「必要最小限の範囲を超えない集団的自衛権の行使は認められるのか否か」との問いかけに、茂串は、「他国に加えられた武力行使を実力によって阻止するということを内容とする集団的自衛権の行使は日本に認められていない」(82) と応じた。後年、高辻正己（前出、元法制局長官）は、「日本国内の米軍基地への攻撃に自衛隊と米軍が共同して対処するのは、安保条約第5条の解釈として集団的自衛権を行使することになるが、実際には日本が個別的自衛権を行使するのと同じなので、集団的自衛権を行使するのではないこととした」(83) との旨を語っており、

「同盟」でない「同盟」　105

茂串の答弁には、こうした法制局側の「本音」がのぞいたと言えよう。

　他方で、日米両国政府は、1983年3月からシーレーン防衛計画に着手し、1986年12月に完成した(84)。その間には、航空・海上自衛隊による統合指揮所訓練の実施や、米空軍に所属するF16戦闘機の青森県三沢基地への配備等が進んでいた。

［注］
(1)　『第84回国会参議院予算委員会会議録第3号』1978年1月30日、19頁。
(2)　『朝日新聞』1976年10月29日。
(3)　櫻井敏雄「日米防衛協力の進展と集団的自衛権論議」『防衛法研究』第21号、1997年、38頁。
(4)　『朝日新聞』1976年11月5日。
(5)　室山義正『日米安保体制（下）』有斐閣、1992年、377頁。
(6)　「衆議院議員森清君提出憲法第九条の解釈に関する質問に対する別紙答弁書」1980年12月5日付。答弁書の全文は、中村明『戦後政治にゆれた憲法九条―内閣法制局の自信と強さ―』中央経済社、1996年、252－254頁。
(7)　『第84回国会衆議院内閣委員会議録第7号』1978年3月2日、25頁。
(8)　NPTの批准をめぐる日本側の動きについては、前掲書『核兵器と日米関係』256－260頁。
(9)　前掲書『日米関係資料集』899頁。
(10)　『朝日新聞』1975年4月23日、4月24日。
(11)　『第84回国会参議院予算委員会会議録第4号』1978年1月31日、24頁。
(12)　『第84回国会衆議院予算委員会会議録第9号』1978年2月7日、24頁。
(13)　『第84回国会衆議院予算委員会会議録第17号』1978年2月20日、22頁。
(14)　(15)　(16)　(17)　(18)　(19)　『第93回国会参議院内閣委員会議録第9号』1980年11月20日、24頁。
(20)　「衆議院議員稲葉誠一君提出自衛隊の海外派兵・日米安保条約等の問題に関する質問に対する答弁書」1980年10月28日付。出典は前掲書『戦後政治にゆれた憲法九条』267－268頁。
(21)　前掲「憲法第九条の解釈に関する質問に対する別紙答弁書」出典は同上、253頁。
(22)　(23)　『第94回国会参議院予算委員会会議録第13号』1981年3月19日、10頁。
(24)　『第84回国会衆議院内閣委員会議録第22号』1978年6月6日、40頁。
(25)　『第84回国会参議院内閣委員会継続（閉会中）会議録第1号』1978年6月29日、8頁。
(26)　『毎日新聞』1981年5月18日。
(27)　(28)　『第94回国会衆議院外務委員会、内閣委員会、安全保障特別委員会連合審査会議録第1号』1981年5月29日、9頁。
(29)　(30)　『第98回国会参議院予算委員会会議録第14号』1983年4月1日、6頁。
(31)　外務省記録文書。出典は、波多野澄雄『歴史としての日米安保条約―機密外交記録が明かす「密約」の虚実』岩波書店、2010年、124－125頁。
(32)　前掲書『歴史としての日米安保条約』184頁。

(33) 『第43回国会衆議院予算委員会議録第18号』1963年3月2日、13頁。

(34) 前掲書『歴史としての日米安保条約』183頁。

(35) 同上、176頁。

(36) From Tokyo to Secretary of State,No.2335（April4,1963）National Security Archive.

(37) 前掲書『歴史としての日米安保条約』183−184頁。

(38) 「装備の重要な変更に関する事前協議の件」（1968年1月27日、北米局長）。出典は同上、184頁。

(39) 『第102回国会衆議院内閣委員会議録第12号』1985年4月23日、24頁。

(40) 『第95回国会衆議院法務委員会議録第7号』1981年11月13日、6頁。

(41) 『第96回国会参議院外務委員会会議録第7号』1982年4月20日、20頁。

(42) 『琉球新報』1997年3月7日。島川雅史『アメリカの戦争と日米安保体制─在日米軍と日本の役割』社会評論社、2001年、31頁。

(43) 琉球新報社編『日米地位協定の考え方・増補版』高文研、2004年、30−31頁。

(44) 『第55回国会衆議院決算委員会議録第5号』1967年4月21日、10頁。

(45) 『第77回国会衆議院予算委員会議録第18号』1976年2月27日、17頁。

(46) 『東京大学先端研オーラル・ヒストリーシリーズvol.3 吉国一郎オーラル・ヒストリーⅠ』東京大学先端科学技術研究センター御厨貴研究室、東北大学大学院法学研究科牧原出研究室、2011年、15頁。

(47) 外務省公開文書。『朝日新聞』2015年1月16日。

(48) 『朝日新聞』1983年1月13日、1月15日。

(49) 『第95回国会衆議院法務委員会議録第7号』1981年11月13日、3頁。

(50) 『朝日新聞』1983年1月15日。

(51) 官房長官談話の全文は、前掲書『日米関係資料集』1025−1026頁。中曽根内閣時の武器輸出三原則の緩和問題に関しては、中曽根康弘著、中島琢磨他編『中曽根康弘が語る戦後日本外交』新潮社、2012年、315−317頁。後藤田正晴『情と理─後藤田正晴回顧録〈下〉』講談社、1998年、63−65頁。

(52) 旧ガイドラインの全文は、前掲書『日米関係資料集』964−968頁。

(53) 『朝日新聞』1996年9月2日。

(54) 旧ガイドラインの作成過程については、村田晃嗣「防衛政策の展開─『ガイドライン』の策定を中心に」日本政治学会編『年報政治学：危機の日本外交─70年代』岩波書店、1997年、79−95頁、瀬端孝夫『防衛計画の大綱と日米ガイドライン─防衛政策決定過程の官僚政治的考察』木鐸社、1998年、156−163頁を参照。

(55) 『朝日新聞』1980年1月30日。

(56) 『第91回国会衆議院予算委員会議録第3号』1980年2月1日、12頁。

(57) 『第90回国会参議院決算委員会会議録第1号』1979年11月28日、24頁。

(58) (59) (60) 『第90回国会衆議院内閣委員会議録第2号』1979年12月6日、16頁。

(61) 『第91回国会衆議院予算委員会議録第8号』1980年2月7日、6頁。

(62) 『第91回国会参議院予算委員会会議録第10号』1980年3月17日、13頁。

(63) 『第93回国会衆議院予算委員会議録第1号』1980年10月9日、18頁。

(64) 『第93回国会参議院安全保障及び沖縄・北方問題に関する特別委員会議録第2号』1980年10月24日、19頁。

(65) 同上、31頁。

(66) 『第94回国会参議院予算委員会会議録第6号』1981年3月11日、20頁。

(67) 前掲書『日米関係資料集』1003 – 1006頁。

(68) 『朝日新聞』1981年5月9日。

(69) 同上、1981年5月14日。

(70) 同上、1981年5月13日。

(71) 前掲書『集団的自衛権』125頁。

(72) 『第94回国会衆議院法務委員会議録第18号』1981年6月3日、9頁。

(73) 『第96回国会衆議院予算委員会議録第2号』1982年2月1日、35頁。

(74) (75) 『第96回国会衆議院予算委員会議録第16号』1982年2月23日、6頁。

(76) 『朝日新聞』1996年9月2日。

(77) 同上、1982年9月2日。

(78) *Washington Post,* January19,1983.

(79) National Security Decision Directive（NSDD) on United States – Japan Relations,NSDD62,October25,1982.
Box243, Records of the National Security Council, RG273, the National Archives, Washington,D.C.

(80) 『第98回国会参議院安全保障特別委員会会議録第4号』1983年5月16日、16 – 17頁。

(81) 『第104回国会衆議院予算委員会議録第19号』1986年3月5日、25頁。

(82) 同上、26頁。

(83) 前掲書『戦後政治にゆれた憲法九条』184 – 185頁。

(84) 『朝日新聞』1996年9月2日。

第5章 「戦争」でない「戦争」
―有事対応と平和復興支援活動

1、湾岸危機とPKO法

冷戦末期の日米安保協力をめぐる答弁

　1988年4月の国会で、「憲法第9条の下においても日本が保持するのを許されると解釈される必要最小限度の自衛力」に関して、「『必要最小限度』の範囲」を問われた内閣法制局長官の味村治（茂串俊の後任）は、「周辺諸国や世界全体に関わる様々な軍事情勢及び国際情勢等の影響を受けるために、定量的に示すことは難しく、各種の情報を考慮した上で、防衛庁、安全保障会議、閣議、あるいは予算や法律を審議する国会が決定するものと考えられる」[1] と答弁した。そこには、「必要最小限度」の具体的な内容が何ら示されていなかった。

　他方で、同時期の日米関係には、日本の国産支援戦闘機（戦闘爆撃機）F1の後継（FSX）をめぐる問題が浮上していた。日本側では、防衛庁が「エンジン部分を除いてFSXを自国で開発したい」と望んだのに対し、米国側からは「貿易で巨額の対日赤字を計上している現状からして、日本は米国から戦闘機を購入すればよい」と反対の声が上がっていた。

　このような米国の姿勢は、「日本が国産戦闘機を開発するのは、軍事技術の分野における米国の優位を脅かすのみならず、日本自体が軍事大国化を志向する表れではないか」という強い懸念に裏打ちされていた。実際、

1987年の6月、米国のR・アーミテージ国防次官補は、来日して西広整輝・防衛庁防衛局長と会談した際、「日本が新しい戦闘機の自主開発に乗り出せば、米国のみならずアジアの近隣諸国との関係にも支障をきたす」、「新しい戦闘機が可能な飛行距離は、千島や朝鮮半島にも及び、日本に認められる『自衛力の範囲』を逸脱しているのではないか」と警鐘を発していた。

　その後、両国は協議の末、1987年10月（当時は中曽根康弘内閣）、FSXを共同で開発することに合意した。これは、日本政府が、上述した味村法制局長官による答弁のとおり、「自衛力の範囲」を「米国政府の容認」という「国際情勢」の枠内に位置付けることを意味していた(2)。

　一方、1988年1月、日米両国政府は、日米防衛協力の指針（旧ガイドライン）に基づいて、日本有事の際に重装備の米軍部隊が来援するのを可能とするための研究に着手することで合意した(3)。これは、安保条約を「米軍によって日本を外部からの大規模な武力攻撃から守るための手段」と位置付ける日本政府の方針を示していた。

　しかし、翌1989年6月、米国（G・ブッシュ〔父〕大統領の政権）のJ・ベーカー国務長官は、ニューヨークのアジア協会で演説した中で、「米国は、太平洋地域において、日本との関係が一番重要であり、日米両国は真に地球規模の協力関係を新たに構築しなければならない」(4)と述べた。そこには、「必要があれば、日本に領域外での軍事協力を求める場合もある」との姿勢が示されていた。

　さらに同年12月における、米ソ両国首脳による「冷戦の終結」宣言を経て、翌1990年の4月に米国政府が公表した報告書「アジア太平洋地域の戦略的枠組み」では、「日本の自国領域及び1千海里シーレーンを防衛する能力の増強を求める」と記していた。その一方で、「日本が戦力投入能力（空母等）を保有するのは東アジア地域の不安定化をもたらすゆえに阻止する」など、日本を「米国の軍事面における補佐役」と位置付ける姿勢を

示していた (5)。そして、同じ年の6月、日米安保条約は、三度自動延長された。

湾岸危機をめぐる日本政府の対応

同じ1990年8月2日、中近東の国イラクは隣国のクウェートに出兵し、同国を併合した。こうして始まった「湾岸危機」に対して、国連の安全保障理事会はイラクのクウェートからの即時撤退を決議し、米国の主導する多国籍軍がペルシャ湾一帯に展開することとなった。

こうした事態の中で、日本政府（海部俊樹内閣）は、多国籍軍を輸送・物資・医療の面で支援するため、同月29日に10億ドル、翌9月7日に追加で同額を提供した。このような援助を「多国籍軍への後方支援」と捉えた上で「憲法第9条で日本に禁じられた集団的自衛権の行使との間でどう整合するのか」との質問が国会で提起された。これに対して、工藤敦夫・法制局長官（味村の後任）は、「集団的自衛権を含めた自衛権を行使するというのは、国家が実力（武力）を用いるということに係る概念である」として、「多国籍軍への財政支援は集団的自衛権の行使には該当しない」(6)と答弁した。さらに、日本政府が医療活動に従事するチームを多国籍軍に派遣することを検討中であるという点に触れて、「医療チームの活動は、実力の行使あるいはそれと一体をなすような行為には当たらず、集団的自衛権の行使には当てはまらない」(7)との見解を表明した。

一方、与党である自民党の小沢一郎・幹事長は、同党の全国研修会で講演し、中近東の情勢への日本の対応について、「現在の憲法体系の中でも、国連への協力という枠内なら自衛隊を（中近東に）派遣することも可能であり、こうした国連への協力は、憲法第9条で禁じられている集団的自衛権の行使に当たらない」との見解を発表した (8)。これは、「国連軍だけでなく、多国籍軍のような国連決議に基づく行動に対しては、軍事・非軍事の分野を問わず自衛隊を派遣し得る」という解釈を示していた。

「戦争」でない「戦争」　111

そして、このような小沢の意向に主導された日本政府は、同年10月、国連平和協力法案を閣議で決定し、国会に上程した。この法案は、自衛隊が国連のPKO活動に加えて「その他の活動」に協力する（第1条）と明記して、自衛隊による多国籍軍への協力に道を拓こうと意図していた。当時の小沢は、「自衛隊を中近東に派遣する程度のことをしないと米国が評価しない」と語っており (9)、この法案は、「事実上の日米安保協力」という色合いを強く帯びていた。

国連平和協力法案をめぐる答弁

　この国連平和協力法案に対して、社会党等の野党は、「自衛隊を戦争に巻き込むことになる」と強く反発した。そのような中で同法案の審議が国会で始まると、工藤法制局長官は、「自衛隊による多国籍軍への物資の補給活動は、（多国籍軍が）実力を行使するような場合と一体化した際には許されないが、一般的な補給活動の全てが許されないわけではない」 (10)と答弁した。しかし、「補給活動と武力の行使が一体化する」と判断する際の基準については、「客観的に見て（補給活動と）武力の行使が一体化すると認められる場合であり、武力の行使と認められる瀬戸際まで補給活動を行うか、また、その瀬戸際を決める基準とは何かを決めるのは政策上の選択であり、（憲法の解釈とは）別個の問題である」 (11) として具体的な内容を何ら示さなかった。その一方で工藤は、「国連軍の目的が武力の行使を伴わない場合、これに自衛隊が参加しても武力を行使するには至らないので、憲法上許される」 (12) ものの、「当該国連軍が武力の行使を目的とする場合、（自衛隊が）参加することは許されない」 (13) との見解を表明した。これは、多国籍軍がイラク軍との戦闘に及ぶことが想定されるという状況に照らし、自衛隊が同軍に参加・協力することを極めて困難にするものであった。

　こうした工藤の答弁に対し、政府・自民党内からは更迭を要求する声が

112

上がった (14)。しかし、これに先立つ1990年８月13日、海部首相は米国の
ブッシュ大統領から「自衛隊で多国籍軍を支援してほしい」と求められた
際に、憲法上の制約や国会による「自衛隊の海外出動を禁止する決議」
（1954年、第１章を参照）を理由に難色を示すなど、本来、国連平和協力
法案を消極的に捉えており (15)、工藤の答弁は海部の意向を反映するもの
となっていた。また自民党内でも、一部の議員が法制局側に「圧力に屈せ
ず頑張ってほしい」と激励を送っていた (16)。これに加えて、後藤田正晴
（前出、中曽根内閣時の官房長官）は米国のアマコスト駐日大使に「日本
は自衛隊に文民統制を十分に行い得るか疑わしいゆえに、自衛隊が国際平
和活動に参加するのは強く留保するべきだ」との考えを伝えていた (17)。

　さらに野党側が同法案に反対する姿勢を崩さず、参議院で自民党が議席
の過半数に届いていない（原因は1989年夏の選挙における大敗にあった）
という状況では、法案の成立は極めて困難であった。結局、国連平和協力
法案は、同年11月８日、与野党間の協議により廃案となった。しかし、そ
の直後、自民党は野党の民社党及び公明党との間で、「自衛隊とは別個に
国連の平和維持活動（PKO）に協力するための常設隊を作る」という合
意文書を取り交わしていた (18)。

掃海艇派遣・PKO法案をめぐる答弁

　翌1991年１月、多国籍軍はクウェートを占領するイラク軍に攻撃を開始
し（湾岸戦争）、同年２月末までにクウェートを解放した。日本政府は多
国籍軍に自衛隊を派遣することがかなわず、同軍への追加支援として90億
ドルを拠出した。また、これと併せて時限特例の形で自衛隊の輸送機を戦
地に派遣することを決定したが、これは停戦となったために実施には至ら
なかった。この追加支援及び輸送機を派遣するという決定について、工藤
長官は、「いずれも武力の行使には該当しない」 (19) と答弁した。

　さらに日本政府の内部では、湾岸戦争が終結した後の処理策として、海

上自衛隊の掃海艇をペルシャ湾に派遣するという案が持ち上がった。これに対して自民党の内部からは、国連平和協力法案の時と同様に慎重な対応を求める声が上がったが、海部首相は「国際社会に『日本は資金援助だけで済ませない』という姿勢を示す必要がある」として、国連平和協力法案に対してとは異なり積極的な姿勢を示していた (20) 。そして工藤は国会の審議において、「自衛隊法第99条には、『海上自衛隊は、（防衛庁）長官の命を受け、海上における機雷その他の爆発性の危険物の除去及びこれらの処理を行うものとする』と規定されており、これは日本の領海のみならず公海における日本の船舶あるいは国民の安全確保を図ることを目的とした一連の警察活動を定めたもので」あり、「こうした任務に携わる際の地理上の範囲を明文で規定してはおらず、そこには警察活動としての性格に基づく限界はあるものの、具体的な範囲に関しては、その時々の状況等を勘案して判断するべきである」 (21) と、国連平和協力法案に対してと同じく海部の意向に沿う方向で答弁を行っていた。結局、湾岸戦争が正式に終結した後の同年4月24日、日本政府は掃海艇の派遣を閣議で決定し、同月26日、掃海艇がペルシャ湾に向けて出港した。

　実はこれに先立つ1987年の9月、当時の中曽根康弘・首相は、米国政府の要請を受け、イランとイラクの間で交戦の続いていたペルシャ湾に海上自衛隊の掃海艇を派遣しようと考えたが、この時は後藤田正晴・官房長官が「憲法上の問題があることに加え、日本が戦争に巻き込まれる危険が高い」と強硬に反対したため、見送られていた (22) 。そして、この時、法制局側の作成した答弁書は、「一般に機雷の除去が武力の行使に当たるか否かは、それがいかなる具体的な状況の下で、またいかなる態様で行われるか等により判断されるものであり、一概に言うことは困難である」 (23) と、掃海艇の派遣を「憲法上全て許されない」とは記していなかった。

　さらに同年9月19日、日本政府は、「国際連合平和維持活動に対する協力に関する法律案（PKO法案）」を閣議で決定し、国会に上程した。こ

114

れは、前年11月における自民・民社・公明党が取り交わした合意文書（前出）を具体化したもので、国連のPKO活動に自衛隊が参加し、その際には、「PKO要員の生命等を防護するために、憲法で禁ずる『武力の行使』には至らない必要最小限の範囲で武器を使用する」ものとしていた。さらに、海部の後を継いだ宮沢喜一・首相も、「日本が憲法の枠内で何ができて何ができないかを世界に知らせるためにも、PKOへの参加は必要だ」[24] と考えていた。そして工藤長官は、同法案に関する国会での審議の場で、「仮に全体としてのPKO部隊等が武力を行使することがあるとしても、日本は自ら武力を行使しない、PKO部隊等が行う武力の行使と一体化するようなことはない、という点が確保されているゆえ、日本が武力を行使すると判断されることはない」とした上で、「PKO法案が憲法に違反することはない」[25] と、宮沢の意を汲むように答弁していた。

　そして翌1992年6月25日、PKO法案は成立した。これを受けて米国政府は、「日本が国際社会での役割を増大させることを支持し、歓迎する」との見解を発表した[26]。

2、極東危機と周辺事態法

「自衛の範囲」をめぐる答弁

　1992年3月、北朝鮮が核兵器を開発しているという疑惑が浮上したことから、東アジアには軍事面での緊張が高まっていた。こうした中、翌1993年の国会で、海上自衛隊が大型の輸送船を導入したことをめぐり、「これに戦車を積んで外国に上陸するようなことをすれば、政府の解釈にいう必要最小限の自衛措置の範囲を超えるのではないか」との質問が国会で提起された。これに対して大出峻郎・法制局長官（工藤の後任）は、「問題の大型輸送艦あるいは揚陸艦は、『日本が島々によって構成されると同時に

周囲を海に囲まれる』という地理的特性に照らして、所要の部隊を所要の地域まで輸送するために導入されたもので、また災害への派遣や離島への輸送に用いられる」という諸点を挙げた上で、「自衛のために必要な最小限度の範囲内のものであり、憲法第9条には違反しない」(27)と答弁した。

その後、1995年2月、米国防総省は、「東アジア太平洋地域におけるアメリカの安全保障政策（EASR、ナイ・レポート）」と題する報告書を発表した。そこでは、「日米同盟は、アジアにおける米国の安全保障政策上の要で」あると指摘した上で、日本は、「米国の軍事行動・訓練に対して、（基地の提供等）安定的かつ確実な環境を提供する」と共に、「防衛力を漸進的に強化」した結果、「冷戦後の日米安全保障関係が著しく強化された」、「日本側は憲法上の制約に従いつつ自国領域及び1千海里シーレーンの防衛に専心し、米国側は戦力の投入と核抑止の責任を受け持った」という「役割の分担」が「日米相互の利益になると同時に、国際関係全体の平和と安全の維持、という広範な利益をもたらしている」と述べていた(28)。

その一方で、同年11月、日本政府（村山富市・社会党委員長を首班とする自民党・社会党・新党さきがけの〔自社さ〕連立内閣）は、「平成8年度以降に係る防衛計画の大綱（第2次防衛大綱）」を決定した。そこには、「米国との安全保障体制は、我が国の安全の確保にとって必要不可欠なものであり、また、我が国周辺地域における平和と安定を確保し、より安定した安全保障環境を構築するためにも、引き続き重要な役割を果たしていくものと考えられる」と記していた。これは、先行する「防衛計画の大綱」（1976年、第4章を参照）が、「日本に対する武力による侵略」への対応を主眼としていたのと比較して、「日本の国外における武力紛争の危機」にも対象を広げようとする方針を示していた(29)。そして「ナイ・レポート」を作成したJ・ナイ国防次官補は、米国の議会で、「『第2次防衛大綱』は、米国の安全保障戦略と一致する」と証言していた(30)。

こうした動きに対して、翌1996年5月の国会で、「日本の周辺地域で日本の平和と安全に重要な影響を与えるような事態が生じた際に、日米安保体制の円滑かつ効率的な運用を図って適切に対応するというのは、日本が攻撃されていないのに自衛隊が対処することとなり、憲法上許されるのか」との質問に、大森政輔・法制局長官（大出の後任）は、「日本が集団的自衛権を行使するのは憲法上認められていない」と答弁した。その上で彼は、「新防衛大綱（上述した第2次防衛大綱）の目的は、周辺事態に際して、あくまでも憲法及び法令の範囲内で対応するということにあるので、何ら懸念には及ばない」(31) と付言していた。

新ガイドラインへの胎動

　同じ1996年の3月に台湾が始めて総統の直接選挙を実施すると、中国は台湾海峡で海軍の演習に踏み切り、これを警戒した米国が空母を演習海域に派遣するなど、東アジアには緊張状態が続いた。そうした中で同年4月17日、橋本龍太郎・首相（自民党、政権は引き続き自社さ連立内閣）と米国のクリントン大統領は、「日米安保共同宣言」を発表した。そこでは、「日米両国間に既に構築されている緊密な協力関係を増進するため、『日米防衛協力のための指針（旧ガイドライン）』（1978年、第4章を参照）の見直しを開始する」と、日米同盟を強化する方針を述べていた (32)。また、これに先立つ同月15日、日米両国政府は、かねてより懸案となっていた、自衛隊と米軍との間における後方支援及び物品・役務の相互提供に関する協定（ACSA）を締結した。

　こうした中、先述した同年5月の国会で、「米軍が日本から国外に出動した場合、これに自衛隊が協力・応援することは、現行の自衛隊法上できないのではないか」との質問に、大森法制局長官は、「憲法に違反するような形、及び自衛隊法上明確な根拠のない形での支援はできない」とした上で、「どのような支援・協力が憲法上・自衛隊法上可能かは、（支援・

「戦争」でない「戦争」　117

協力の）具体的な目的及び行為の態様を前提として、個々具体的に検討した後に、初めて明白にお答えし得る」(33) と答弁した。

　さらに彼は、「米軍に対する自衛隊の補給活動等が憲法第９条に照らして許されるか否かは、（自衛隊の活動が）米軍による武力の行使と一体化するか否かで決定する」(34) ものの、「（武力の行使との）一体化に該当するか否かを判断する基準は、戦闘行為が行われているか又は行われようとしている場所と支援活動する場所との地理上の関係、当該支援行動の具体的な内容、支援する先の軍隊による武力の行使との関係が密接か否か、支援先の軍隊による活動の現状、等を総合して勘案した上で、個々具体的に判断する」(35) と述べるにとどまった。そこには、「自衛隊による米軍への支援の当否」を判断する際の「具体的な基準」が何ら示されていなかった。その一方で、自衛隊と米軍との共同訓練については、「本来の意味における訓練であるならば憲法上問題はないが、訓練と称して（他国への）武力による威嚇となる行動に及ぶのは憲法上禁じられている」(36) と答え、「集団的自衛権の行使」に至らないような形に収めようとする配慮を示していた。

　そして、同年10月に衆議院総選挙が行われ、自民党中心の政権が続くこととなった。国民は、日米安保協力に基づく安全保障政策を容認したと言えた。

駐留軍特別措置法をめぐる答弁

　その一方、1995年９月、沖縄県で米軍の兵士が婦女暴行事件を起こしたのをきっかけに、沖縄県民からは米軍基地の撤廃を求める声が上がった。こうした中で、大田昌秀・同県知事は、駐留軍特別措置法（特措法）に定められた米軍用地の強制収用を認める署名を拒否するに至った。このため、翌1996年４月、沖縄県の読谷村にある米軍の楚辺通信所は、使用期限が切れて「不法占拠」の状態に陥った。

この問題が国会の場で取り上げられた際、大森法制局長官は、「日本は憲法第98条により誠実に遵守することを要するとされる（日米）安保条約に基づく（在日米軍に関する）地位協定上の合意に従って、米軍に土地を提供する義務を負っており、その義務を履行するために、土地の所有者から賃貸借契約により使用権原を取得した」、「当該契約による土地の使用期限が消滅しても、現行法上、土地の賃貸借に代えて駐留軍特別措置法に基づく土地収用委員会の裁決によって（土地を）使用する権原を取得することが可能であり、また、その裁決が出るまでのつなぎとして（土地の）緊急使用を許可する制度が設けられており、これらの対応は、（私有財産の公共目的での使用を定めた）憲法第29条により認められている」(37) と答弁した。その上で、「契約期限の切れた後も、当該土地を引き続き米軍に提供し続けることは、安保条約上の義務であるのみならず、今後とも日本及び極東の平和と安全のために必要である」(38) と、「米軍への便宜供与」を認める姿勢を示した。

　その後、同年9月10日、日本政府（橋本龍太郎内閣）は沖縄県の経済振興を目的とする50億円の特別費を計上すると閣議で決定した。そして、これを受ける形で大田知事は同月13日、「強制収用に反対する県民の意に反するのは自分の本意ではないが、日本政府から沖縄振興の具体策を得たことから、将来における沖縄の活路を見出したい」(39) として、前年以来拒否していた米軍用地の強制収用を認める署名に応じた。

　しかし、翌1997年4月、日本政府は、特措法の改定案を国会に提出した。同改定案は、「米軍が土地の使用期限が切れた後も継続して使用するために土地収用委員会に申請した場合」に、「土地の所有者に対して損失補償金を供託しておく」か「同収用委員会が申請を却下しても不服審査を申し立てる」場合には、「土地の暫定使用を可能とする」としていた。これは、沖縄県で米軍の施設が大田知事の署名拒否によって使用期限切れに追い込まれたような事態の再発を防ぐための措置であった。そして、同改

定案を審議する国会の場で、大森法制局長官は、「国際法及び国内法の複合する法律関係の下で諸般の事情を考慮すると、（楚辺通信所の土地を使用者に）返還しないのは、直ちに違法と言うには当たらないが、国が（土地を使用するための）正当な権原を有せずに使用を続けるというのは、本来好ましい状態ではない」ので、「そのような事態を避けるために、今回の（土地の）暫定使用制度を創設するという立法措置の審議をお願いしている」(40)と述べた。そこには、「引き続き米軍への便宜供与を重視する」という日本政府の姿勢が表れていた。

　結局、特措法の改定案は、沖縄県側からの激しい反発をよそに実質9日間という短期間で審議を終え、同月17日に成立した後、同月23日から施行された。米軍による日本国内での基地の使用に法制局の示した配慮は、こうして実を結ぶに至った。

新ガイドラインをめぐる答弁

　その後、日米両国政府は、「日米安保共同宣言」（前出）に示された「旧ガイドラインの見直し」作業に着手し、その具体化として、翌1997年6月、「日米防衛協力のための新指針（新ガイドライン）」の中間報告を公表した。それによると、新指針は「平素から行う協力（安全保障対話等）」、「日本に対する武力攻撃への対処」に加えて、「日本周辺地域における事態で日本の平和と安全に重要な影響を与える場合（周辺事態）」に際して、「日米が協力して効果的にこれに対応し得る体制を構築すること」を最も重要な目的の一つとして掲げた。

　この「周辺事態」への対応は、旧ガイドラインにおいて「具体的な準備を見送った」ものであった。そして、同指針を策定する際の基本的な前提として、「日米安保条約及びその関連取り決め」は変更されず、「日本の全ての行為は、日本の憲法上の範囲内において行われ」、日本は「周辺事態」における対米協力として、「新たな施設・区域（在日米軍基地）の提

供及び自衛隊施設・民間空港・港湾の一時的使用」に加えて、「日米安保
条約の目的達成のため活動する米軍に対して、後方地域での支援を行う」
ものとされた。しかし、その「後方地域」の範囲は、「主として日本の領
域において行われるが、戦闘行動が行われている地域とは一線を画される
日本周辺の公海及びその上空において行われることも考えられる」と、極
めて曖昧にされていた (41)。

　そして、「後方地域」での自衛隊による米軍への支援に関して、大森長
官は、「日本が周辺事態において戦闘地域と一線を画し得ないようになっ
た際には後方支援を行い得ない」(42) と述べていた。しかし、彼は同年３
月の国会で、「（自衛隊による）米軍への支援が戦闘地域かその後方地域
で行われるかというだけで、武力行使と一体化しているか否かを判断する
性質の問題ではない」(43) と答弁するなど、「集団的自衛権の不行使」を
徹底し得るかに疑問の余地を残していた。

　また、自衛隊による米軍への支援の一環として、「偵察行動を伴うよう
な情報収集活動」に関しては、「情報収集が、特定の行動（武力の行使）
を伴うことにより例外的に『武力の行使と一体化する』という問題が生じ
る懸念があるものの、一般的には実力の行使には該当せず、憲法第９条に
抵触するか否かの問題にはならない」(44) とし、「機雷の除去」について
は、「（外国の軍隊による）日本への武力攻撃の一環として敷設されたも
の以外に対しては自衛権の行使に該当せず認められないが、遺棄された機
雷等、武力攻撃の一環として認められないものを対象とするのは、単に海
上の危険物を取り除くに留まり、憲法上禁じられない」(45) と述べてい
た。さらに、遭難者への捜索・救難活動についても、「戦闘地域で実施す
ることは中間報告では予定されておらず、戦闘地域とは一線を画した地域
での活動を想定しており、『捜索・救難が武力の行使』と一体化するとの
問題は生じ得ない」(46) と答弁した。しかし、こうした発言は、「戦闘地
域」と「後方地域」とを区別する具体的な基準が何ら明確にされていない

「戦争」でない「戦争」　121

以上、米軍への便宜供与を助長する意味合いを持っていた。

　そして同年9月、日米両国政府は、新ガイドラインを完成し、合意した。その基本的な内容は、前述した中間報告をほぼ踏襲していたが、「周辺事態の概念」として、「地理的なものでなく、事態の性質に着目したもの」と、やはり極めて曖昧な定義が付加されていた (47) 。

周辺事態法案の「自衛」をめぐる答弁

　翌1998年4月、日本政府は、新ガイドラインに実効性を付与するために作成した周辺事態法案を国会に上程した。この法案は、その目的を「日本周辺の地域における日本の平和及び安全に重要な影響を与える事態（周辺事態）に対応して日本が実施する措置、その他の手続きその他の必要な事項を定める」（第1条）と規定した。その上で、「周辺事態」に日本が「日米安保条約に基づいて活動する米軍」に対して支援を行う「後方地域」には、「日本の領域並びに現に戦闘行為が行われておらず、かつ、そこで実施される活動の期間を通じて、戦闘行為が行われることがないと認められる日本周辺の公海及びその上空の範囲」（第3条）と、新ガイドラインに即した形で定義が施されていた (48) 。

　そして、大森長官は、同法案中の「自衛隊員が遭難者への捜索救援活動や船舶への検査活動の際に武器を使用することを可能とする」規定（第11条）について、「自衛隊員自身もしくは彼らと共に職務に従事する者の生命または身体を防護するためのもので、武器の使用を必要最小限度としているゆえ、憲法第9条との関係で何ら問題はない」 (49) と答弁した。また、「『後方地域』が（戦闘の勃発等によって）『後方地域』でなくなるおそれのある場合には、（自衛隊が米軍への支援を）実施する地域を変更する、（支援）活動を中断する、現場では支援を一時中止すると規定しており（同法案第5条）、『支援活動が米軍による武力の行使と一体化する』ことは想定されない」 (50) とも答弁した。そして、その上で、「仮に

122

（自衛隊の）輸送する対象が武器・弾薬あるいは兵員であっても（武力行使と一体化しないという）結論に変わりはないが、そのような判断は十分慎重に行うべきである」(51)と付言し、米軍への支援が非軍事面にとどまるような配慮を示していた。

これに加えて彼は、「周辺事態」が生起し得る「周辺」の範囲について、「当該事態の規模・態様等を総合して判断するゆえ、その（『周辺』とされる）地域を、あらかじめ地理上で特定することはできない」と述べる一方、「現実の問題として、そうした事態の起こり得る地域にはおのずと限界があり、（周辺事態が）中東やインド洋で生起することは基本的に想定されない」(52)と付言していた。これは、自衛隊による米軍への支援が、日本にとっての「自衛」の範囲を逸脱しないようにする姿勢をうかがわせていた。しかし、「周辺」の範囲を判断する際の具体的な基準を何ら明らかにしておらず、結果として米軍の行動に大幅な自由を認めるものであった。

周辺事態法案の「支援」をめぐる答弁

また、大森は、「周辺事態に際して米軍の戦闘機が日本国内の基地から出動するのは、日本が戦争する（武力を行使する）ということにならないのか」との質問には、「基地の提供が仮に米軍の軍事行動への協力として行われたとしても、それは『米軍が日本国内の施設を使用するのを応諾する』ことにとどまり、『武力の行使との一体化』が生じ得る活動の類型には該当せず、『日本による武力の行使』には当たらない」(53)と述べていた。さらに、「戦闘作戦行動から日本国内の基地に帰投した米軍の航空機に給油・整備等を行うのは、『武力行使との一体化』とは判断されない」(54)と答弁した。これに対しては、「当該航空機が給油・整備を終えた後に再び出撃する場合は『武力行使との一体化』とならないのか」との質問がなされたが、大森は、「そうした事態は仮定の問題として存在する

が、憲法上検討する余地が残っている」(55) と述べるにとどまった。

　さらに彼は、「日本に対する侵攻国を支援しようとする船舶を検査するのは、日本の自衛行動として必要であり、憲法第9条が否定している交戦権には該当しない」(56)、「米軍の艦船に対する給油は、日本の領域内において、比較的長期間にわたる艦船の行動全体に対して行うという特性を有しており、個々の戦闘作戦行動と密接な関係を持っていない」(57) と、米軍への支援を正当化する旨を答弁した。さらに、「日米安保条約の目的を達成しようと活動する米軍に支援することは、『武力の行使』には該当せず、日本が集団的自衛権を行使することにはならない」(58) とも述べた。

　結局、日本政府（自民党の小渕恵三を首班とする自民党・自由党の連立政権）は、周辺事態法案の第1条に「日米安保条約の効果的な運用に寄与し」との文言を追加し、その後、同法案は1999年5月、国会で成立した。同時に、周辺事態での協力活動を円滑化する狙いから、ACSA（前出、自衛隊と米軍との間における後方支援及び物品・役務の相互提供に関する協定）も改められた。また、周辺事態法案に記されていた船舶への検査活動は、「その実施には国連による決議を要する」との判断から周辺事態法に盛り込まれず、翌2000年11月に、船舶検査活動法として別途成立した。

　周辺事態法案の審議中、橋本・小渕の両首相は、憲法第9条の解釈をめぐり、「これは認められない」とする大森長官の助言に意を唱えなかったとされ (59)、この点に照らす限り、法制局側の示した周辺事態法案に関する解釈・答弁は、政府側の意向に沿ったものだったと言えよう。しかし、周辺事態法と日米安保条約との関係は明白になったものの、「自衛隊が憲法第9条で認められる活動の範囲を決める際の具体的な基準」は、何ら明らかにされないままとなった。

3、中東危機と有事・平和復興支援関連法

9・11テロをめぐる日米両国政府の対応

　翌2000年の10月、米国のアーミテージ元国防次官補（前出）等、超党派のアジア問題専門家のグループは、翌年に迫った米国新政権の発足に向けて、対日政策の指針となる報告書（アーミテージ・レポート）を発表した。そこでは、朝鮮半島及び台湾海峡における不安定な情勢ゆえに、「日米安保条約がこれまで以上に重要性を増している」ものの、「日本政府による集団的自衛権不行使の方針は、同盟協力の制約になっている」と指摘していた (60)。また、同年12月、米国のT・フォーリー駐日大使は、「米国の次期政権を誰が担うことになっても、アジアや世界の安定のために日米関係をさらに強めていくという基本的な姿勢に変化はないだろう」と語っていた (61)。

　そうした中で、翌2001年9月11日、「イスラム過激派」を名乗る武装集団が民間航空機を乗っ取って米国のニューヨークとワシントンへの自爆攻撃（9・11テロ）を行うと、米国政府（G・ブッシュ〔子〕大統領の政権）は、テロとの戦い及び撲滅を宣言した。こうした姿勢に日本政府（自民党の小泉純一郎を首班とする自民党・公明党・保守党の連立政権）も賛同し、翌10月5日、小泉内閣は、米国の進める対テロ戦争を支援するため、テロ対策特別措置法（テロ特措法）案を国会に提出した。米国を支援するにあたり、防衛庁は当初、周辺事態法（前出）の適用を検討していたが、「戦場がアフガニスタンなら『周辺事態』と解釈するのは難しい」と外務省が強く主張したため、新たな法律の制定に踏み切っていた (62)。その直後、米国及び英国等の「有志連合諸国」は、アフガニスタンに対し、「テロを支援している」として、同月7日、戦争を開始した。

　同法案は、「国際的なテロリズムの防止及び根絶のために積極的に寄与

「戦争」でない「戦争」　125

する」のを目的とし、「武力による威嚇又は武力の行使以外の手段による対応措置」を「日本の領域及び戦闘行為が行われておらず、かつ、そこで実施される活動の期間を通じて戦闘行為が行われることのない地域（非戦闘地域）」のうち、「公海及びその上空」並びに「（当該対応措置が行われることに同意を得た場合に限り）外国の領域」で行い（第2条）、対応措置として協力支援・捜索救助・被災民救援等の諸活動を挙げていた（第3条）。また、自衛隊が対応措置に従事する際、「自己または他の自衛隊員もしくはその職務を行うに伴い自己の管理の下に入った者の生命または身体の防護のため止むを得ない場合には、その事態に応じ合理的に必要と判断される限度内で武器を使用できる」（第11条）と規定されていた(63)。この武器を使用する際の基準は、周辺事態法における「自衛隊員及び共同して職務に当たる者の防護」（同法11条）という限定から拡大・緩和されていた。

テロ特措法案をめぐる答弁

テロ特措法案の審議が国会で始まると、「捜索あるいは避難民の救助に際して、自衛隊が武器を使用するのは、『武力による威嚇又は武力の行使』とは考えないのか」との質問に、法制局長官の津野修（大森の後任）は、「本法案に基づいて自衛隊が対応措置を実施する際には、『武力行使をすることはまずないと共に、武力行使と一体化することのない』ように（対応措置の）枠組みを決めているので、自衛隊による武器の使用が『武力による威嚇又は武力の行使』には該当しない」(64)と答弁した。しかし、そこには、「武器の使用」と「武力の行使」を区別する際の基準が示されていなかった。また、「自衛隊が給油等で支援する艦船がトマホーク型のミサイルを発射するならば、そうした艦船は、（自衛隊による支援活動を禁じた）戦闘地域ではないのか」との質問に、津野は、「（艦船が）ミサイルを発射せず戦闘行為が行われていないという時間帯には、様々な

126

（支援）活動を十分に行い得る」(65) と、支援を正当化する旨を述べた。

　結局、テロ特措法は、約3週間という迅速な審議の後、同月29日に成立した。その後、自衛隊が同法に基づく支援活動を開始した後、秋山収・法制局長官（津野の後任）は国会で、「日本による（支援）活動が『武力の行使』と一体化するか否かに関しては、様々な基準を用いて総合的に判断するしかない」(66) と答えるにとどまり、判断する際の具体的な基準を何ら明らかにしなかった。

　テロ特措法の成立をめぐり、法制局側は当初、武器を使用する基準の緩和に反対を表明していた。また、与党の自民党でも、自衛隊を対テロ戦争へ派遣することに慎重な意見が強かった。しかし、9・11テロが発生した直後の9月15日に米国のアーミテージ国務副長官（前出、元国防次官補）が日本の柳井俊二・駐米大使に「Show the flag（旗を見せて欲しい＝味方であることの意思表示を求める意）」と述べたことが伝わると、政府も自民党側も、テロ特措法への賛成が大勢となっていった。さらに、自民党と連立政権を組む公明党も、「武器使用基準は国際標準の段階中に設定する」として、基準の緩和に同意した。その背景には、野党の民主党から、「対テロ戦争への支援には、与野党の枠を超えて協力すべきだ」との声が上がったことから、「自民党が連立政権の相手を民主党に変える可能性がある」と、公明党が危機感を抱いたことがあった (67) 。こうした中で、同法の成立をめぐって法制局側が示した解釈は、結果として日米両国政府の意図に沿ったものとなっていた。

イラク特措法案をめぐる答弁

　一方、2002年1月、米国のブッシュ大統領がイラクを「イラン及び北朝鮮と並ぶ悪の枢軸」と非難したことから、両国の関係は悪化の一途を辿っていた。こうした中、2002年5月の国会で、「米国がイラクを攻撃した場合、日本がテロ特措法を用いて対米支援を行うのは無理ではないか」との

質問に、津野法制局長官は、「日本の対応は、米軍の活動がテロ特措法の要件を満たしているか否かにかかっている」(68) として明言を避けていた。

　そして翌2003年３月19日、米国はイラクに対して、「大量破壊兵器を保有しており、国際平和に対する脅威となっている」として、英国と結んでの開戦に踏み切り、日本政府も米国への支持を表明した。開戦後、米英軍は翌４月21日にイラクの首都バグダッドを制圧し、同国への占領・復興支援機構（ORHA）を設置した。これに関連して、日本の国会で、「ORHAの任務はイラクという占領地に対する行政であり、これに日本が参加するのは憲法第９条に違反していないのか」との問いに、秋山法制局長官は、「日本が武力を行使せず、また他国が武力を行使するのと一体化しないということが担保される限り、イラクの復興に貢献することまで憲法に違反してはいない」(69) と答弁していた。当時の米国政府内からは、ウォルフォウィッツ国防副長官が「Boots on the ground（地上に部隊を派遣してほしい）」と述べるなど、日本政府に対イラク戦争への協力を求める声が上がっていた (70)。

　そして同年６月13日、日本政府はイラク復興支援特別措置法（イラク特措法）案を国会に提出した。同法案は、イラクで治安の維持に当たる米英軍を後方支援するために自衛隊を派遣し、その活動は、テロ特措法と同様に、「日本の領域及び戦闘行為が行われておらず、かつ、そこで実施される活動の期間を通じて戦闘行為が行われることのない地域（非戦闘地域）」で行う（第２条）と規定していた (71)。

　こうして、国会でイラク特措法の審議が始まると、同法案における「戦闘行為」の意味について、石破茂・防衛庁長官は、「全体として国または国に準ずる組織による武力の行使を指し、国内治安の問題にとどまるテロ行為、あるいは散発的な発砲や小規模な襲撃等のような、組織性・計画性・継続性が明白でない、偶発的なものと認められるものは、（戦闘行為

に）該当しない」⑺と答弁した。さらに、「野盗等を掃討している他国の軍隊を自衛隊が支援するのは、憲法で禁じられた『武力の行使』と一体化しないのか」との質問に、秋山法制局長官は、「憲法上問題となるのは『国際紛争を解決するための武力の行使』であり、野盗・盗賊に対する武力の行使は、これに該当しない」⑺と、石破の見解を補うような旨を述べた。

結局、イラク特措法案は同年7月26日、国会で可決・成立したが、その後も、日本政府のイラクへの復興支援をめぐる質問は国会で続いた。翌2004年1月、日本政府がCPA（イラク政府の崩壊後に設置されたイラクの暫定政府機構）に資金を提供していることについて、「CPAはイラクという国家の正統な政府ではなく、これに反対する勢力もイラクの国内に存在しており、こうした組織を支援するのは、憲法上問題ではないのか」との質問に、秋山法制局長官は、「資金の提供は『武力の行使』に該当せず、日本は交戦権の主体である武力行使の当事者になることはあり得ないゆえ、憲法上疑義は生じない」⑺と答弁した。

イラク特措法に基づく支援活動をめぐる答弁

そして、同年2月、日本政府はイラク特措法に基づく自衛隊のイラクへの派遣を決定し、同隊によるイラクでの戦後復興支援活動が開始された。翌2005年2月の国会で、「イラクで友軍（米英軍）が攻撃された際、自衛隊は救援することができないのか」との質問が提起された。これに対して、阪田雅裕・法制局長官（秋山の後任）は、「自衛隊の救援活動が『武力の行使』に該当すると仮定した場合、それが『他国のための集団的自衛権の行使』に該当するか否かを判断するには、一般論として、当該他国（の軍隊）自身による軍事的な行動が国際法上如何なる根拠に基づくかが問題となる」とした上で、自衛隊による救援の可否は、「個々具体的な事実関係を踏まえた上での国際法の解釈・運用に関わる」⑺と答弁した。

「戦争」でない「戦争」　129

さらに阪田は、「（自衛隊が）武装した米英軍を非戦闘地域に輸送した後、その米英軍が戦争に参加するような場合には、輸送という行為が合憲であると同時に、イラク特措法上適法なのか」との質問に、「イラク特措法の第3条第3項は、自衛隊による安全確保支援活動業務の一つとして輸送を掲げており、それを行う対象を特に限定しておらず、米軍の要員を輸送することは、当該要員が武装しているか否かを問わず法律上は問題がない」とした上で、「自衛隊がイラク特措法に基づいて実施する対応措置自体は『武力の行使』に該当しないことに加え、当該措置を実施する区域を非戦闘地域に限定するための仕組みを設けることによって、『他国の軍隊が仮に武力を行使しても（自衛隊が）それ（他国の軍隊による武力の行使）と一体化しなければ、自衛隊による活動が（他国の軍隊による武力の行使と）一体化しない』という法律上の制度を設けているので、憲法第9条に照らしても問題は生じない」(76) と応えた。しかし、これらの答弁には、「武力の行使との一体化」や「非戦闘地域」を判断するための具体的な基準が何ら明らかにされていなかった。

有事関連法案をめぐる答弁

　一方、日本政府は、日本が国外から安全を脅かされるような事態に備えるため、有事関連法の制定に着手した。そして、2002年4月、日本政府は武力攻撃事態法案を作成し、国会に上程した。同法案は、「日本が外部から武力による攻撃（武力攻撃）を受けた（武力攻撃を受けるおそれのある場合を含む）事態または武力攻撃が予測される事態への対処」（第2条）を定めていた。そして、対処するための措置には、「日米安保条約に従って武力攻撃を排除するために必要な行動が円滑かつ効果的に行われるために実施する物品・施設・役務の提供等の措置並びに外交上等の措置」（同条）が列挙されると同時に、「武力攻撃事態に対処する際は日米安保条約に基づいて米国と緊密に協力し、国際連合等国際社会から理解を得て協調

的に行動する」（第3条）と、米国との関係を重視する規定が盛り込まれていた(77)。

　こうして国会で、武力攻撃事態法案の審議が始まると、「国際法上、米軍の行動には日本の国内法が適用されないことになっているが、（駐留米軍に関する）地位協定の第16条で『米軍は国内法を尊重する義務を持つ』と定められており、この関係はどうなるのか」との質問に、津野修・法制局長官は、「（米軍が）国内法を尊重するということは、日本の法令が（米軍に）適用されることとは違う」とした上で、「地位協定には駐留米軍の移動に関して一定の法律が適用されると定められているが、こうした例を除き、駐留米軍には日本の法令が適用されず、従って法令に違反することはあり得ない」(78)と答弁した。

　さらに、「第2条に規定された米軍への便宜供与は、ACSA（前出、1996年に締結された自衛隊と米軍との間における後方支援及び物品・役務の相互提供に関する協定）を、周辺事態のみならず日本に対する武力攻撃にも拡大しようとするものではないのか」との質問に、津野は、「当該規定は、あくまで（日本に対する）武力攻撃を終結させるために実施する措置であり、ACSAのような協定によらず、日本の法律等に基づいて準備するという意味である」(79)と応じた。結局、武力攻撃事態法案は、適用する対象を「武力攻撃が発生した場合又はそれが発生する明白な危険が切迫していると認められる場合（武力攻撃事態）」及び「武力攻撃事態には至らないものの武力攻撃が予測される場合（武力攻撃予測事態）」に改めた上、翌2003年6月6日、武力攻撃事態対処法として成立した。

　続いて翌2004年2月、政府は新たな有事関連法の一つとして、米軍行動円滑化法案の概要を公表した。これは、「日本に対する外部からの武力攻撃を、日米安保条約に従って排除するために必要な米軍の行動を円滑かつ効果的に実施するための措置」として、「自衛隊が役務の提供を行う」ものとしていた(80)。そして同法案が国会に上程されると、「この法案で

「戦争」でない「戦争」　131

は、武力攻撃事態のみならず、武力攻撃の予測事態や武力攻撃に至らない段階でも米軍に弾薬を提供できることになっているのは問題である」との質問に、秋山法制局長官は、「日本に対する武力攻撃を排除するために必要最小限の武力を行使するのは憲法（第9条）も否定していないと考えられ、そうした対応措置を準備する段階において、日米両国は相互に協力することの一環として、（自衛隊が）米軍に弾薬を提供することも、憲法上問題にはならない」(81)と答弁した。

　その後、米軍行動円滑化法案を含む有事関連7法案は、同年6月14日、国会で可決・成立した。一連の有事関連法案に関して法制局の行った答弁は、結果として米軍に便宜を図るものとなっていた。

［注］

(1) 『第112回国会参議院予算委員会会議録第18号』1988年4月6日、6頁。

(2) FSXの開発をめぐる日米両国の動向は、前掲書『安全保障』306‐308頁。

(3) 『朝日新聞』1988年1月20日。

(4) Secretary Baker's address on "A New Pacific Partnership: Framework for the Future",June26,1989.*Department of State Bulletin*,August,1989,pp64‐66.

(5) *A Strategic Framework for the Asian Pacific Rim: Looking toward the 21st Century: The President's Report on the U.S. Military Presence in East Asia*, April19, 1990.（S.Hrg.101‐880）. U.S. Government Printing Office,1990.

(6)　(7)　『第118回国会衆議院内閣委員会会議録第13号』1990年8月31日、13頁。

(8) 『朝日新聞』1990年9月9日。

(9) 手嶋龍一『一九九一年　日本の敗北』新潮社、1993年、147‐148頁。

(10) 『第119回国会衆議院予算委員会会議録第1号』1990年10月19日、34頁。

(11)　(12)　『第119回国会衆議院国際連合平和協力に関する特別委員会会議録第5号』1990年10月29日、31頁。

(13) 『第119回国会衆議院国際連合平和協力に関する特別委員会会議録第2号』1990年10月24日、11頁。

(14) 『朝日新聞』1990年10月20日。

(15) 米国政府の公式文書。『朝日新聞』2012年6月22日。

(16) 朝日新聞「湾岸戦争」取材班『湾岸戦争と日本』朝日新聞社、1991年、158‐159頁。

(17) Michael H. Armacost, *Friends or Rivals ? The Insider's Account of U.S‐Japan　Relations*, Columbia University Press,New York,1996,p116.

(18) 『朝日新聞』1990年11月9日。

(19) 『第120回国会衆議院予算委員会会議録第14号』1991年2月19日、10頁。

(20) 『朝日新聞』2013年9月29日。

(21) 『第120回国会衆議院予算委員会議録第24号』1991年3月27日、6頁。

(22) 前掲書『情と理―後藤田正晴回顧録（下）』188－192頁。

(23) 「参議院議員黒柳明君提出ペルシャ湾の安全航行確保問題に関する質問に対する答弁書」1987年9月29日付。答弁書の全文は、前掲書『戦後政治にゆれた憲法九条』276－278頁。

(24) 『朝日新聞』2013年12月22日。

(25) 『第121回国会衆議院国際平和協力等に関する特別委員会議録第3号』1991年9月25日、3頁。

(26) 『朝日新聞』1992年6月16日。

(27) 『第126回国会参議院予算委員会会議録第4号』1993年3月11日、12頁。

(28) 「ナイ・レポート」の全文は、前掲書『日米関係資料集』1297－1313頁。

(29) 「第2次防衛大綱」の全文は、佐道明弘『戦後政治と自衛隊』吉川弘文館、2006年、251－263頁。

(30) 島川雅史『アメリカ東アジア軍事戦略と日米安保体制』社会評論社、1999年、51頁。

(31) 『第136回国会参議院予算委員会会議録第19号』1996年5月9日、7頁。

(32) 「日米安保共同宣言」の全文は、前掲書『日米関係資料集』1345－1353頁。

(33) 『第136回国会参議院予算委員会会議録第19号』1996年5月9日、7頁。

(34)(35) 『第136回国会参議院内閣委員会会議録第8号』1996年5月21日、26頁。

(36) 『第136回国会参議院外務委員会会議録第16号』1996年6月13日、14頁。

(37)(38) 『第136回国会衆議院予算委員会議録第25号』1996年4月4日、13頁。

(39) 『朝日新聞』1996年9月14日。

(40) 『第140回国会参議院日米安全保障条約の実施に伴う土地収用等に関する特別委員会会議録第4号』1997年4月15日、33頁。

(41) 『朝日新聞』1997年6月9日。

(42) 『第140回国会参議院外務委員会会議録第17号』1997年6月12日、24頁。

(43) 『第140回国会参議院予算委員会会議録第9号』1997年3月13日、36頁。

(44)(45) 『第140回国会参議院外務委員会会議録第17号』1997年6月12日、16頁。

(46) 『第140回国会参議院決算委員会継続（閉会中）会議録第1号』1997年7月8日、22頁。

(47) 新ガイドラインの全文は、前掲書『日米関係資料集』1369－1389頁。

(48) 周辺事態法案の全文は、『朝日新聞』1998年4月29日。

(49) 『第143回国会参議院予算委員会会議録第3号』1998年8月21日、31頁。

(50)(51) 『第145回国会衆議院予算委員会議録第13号』1999年2月15日、17頁。

(52) 『第145回国会参議院予算委員会会議録第5号』1999年2月25日、11頁。

(53) 『第145回国会衆議院予算委員会議録第5号』1999年1月28日、30頁。

(54) 『第145回国会参議院予算委員会会議録第5号』1999年2月25日、19頁。

(55) 同上、20頁。

(56) 『第145回国会参議院予算委員会会議録第11号』1999年3月8日、39頁。

(57) 『第145回国会衆議院日米防衛協力のための指針等に関する特別委員会議録第8号』1999年4月15日、32頁。

(58) 『第145回国会参議院日米防衛協力のための指針等に関する特別委員会会議録第4号』1999年5月11日、6頁。

(59) 『朝日新聞』2014年10月5日。

(60) "The United States and Japan：Advancing Toward a Mature Partnership", *INSS Special Report*, October 11, 2000, pp.1－7.

(61) 『朝日新聞』2000年12月1日。

(62) 同上、2001年9月16日。

(63) テロ特措法案の全文は、同上、2001年10月5日。

(64) 『第153回国会衆議院国際テロリズムの防止及び我が国の協力支援活動等に関する特別委員会議録第6号』2001年10月15日、25頁。

(65) 同上、41頁。

(66) 『第156回国会参議院予算委員会会議録第4号』2003年1月30日、4頁。

(67) テロ特措法の制定をめぐる動きについては、『朝日新聞』2001年9月27日、10月1日。

(68) 『第154回国会衆議院国際テロリズムの防止及び我が国の協力支援活動等に関する特別委員会議録第3号』2002年5月17日、10頁。

(69) 『第156回国会衆議院外務委員会議録第4号』2003年4月16日、28頁。

(70) 『朝日新聞』2003年6月25日。

(71) イラク特措法案の全文は、同上、2003年6月14日。

(72) 『第156回国会衆議院イラク人道復興支援並びに国際テロリズムの防止及び我が国の協力支援活動等に関する特別委員会議録第7号』2003年7月2日、4頁。

(73) 同上、6頁。

(74) 『第159回国会衆議院予算委員会議録第2号』2004年1月26日、40頁。

(75) 『第162回国会衆議院国際テロリズムの防止及び我が国の協力支援活動並びにイラク人道復興支援活動等に関する特別委員会議録第2号』2005年2月28日、12頁。

(76) 『第162回国会参議院予算委員会会議録第6号』2005年3月7日、29頁。

(77) 武力攻撃事態法案の全文は、『朝日新聞』2002年4月17日。

(78) 『第154回国会衆議院武力攻撃事態への対処に関する特別委員会議録第5号』2002年5月9日、14頁。

(79) 『第154回国会衆議院武力攻撃事態への対処に関する特別委員会議録第7号』2002年5月20日、30-31頁。

(80) 米軍行動円滑化法案の概要は、『朝日新聞』2004年2月25日。

(81) 『第159回国会参議院予算委員会会議録第7号』2004年3月10日、44頁。

第6章 「変更」でない「変更」
─対米配慮と集団的自衛権行使容認

1、政権交代前後の安全保障政策

ミサイル防衛をめぐる答弁

　2005年2月、日本政府（小泉純一郎内閣）は、ミサイル防衛（MD、他国から日本に向けて発射された弾道ミサイルを短時間で捕捉して迎撃する態勢）の手順を簡素化するための自衛隊法改正案を決定し、国会に上程した。既に1998年の8月末に、北朝鮮の発射した弾道ミサイルが日本の上空を越えて太平洋上に落下しており、日本政府は、こうした自国への脅威に備えるのを目的として、翌2006年度からMDの導入を予定していた。

　しかし、当時の自衛隊法では、首相がMDによる迎撃命令を下す際に閣議等の時間を要する一方で、弾道ミサイルはレーダーが捕捉した後に約10分で日本に到達する場合もあり、迅速な対応の実現が課題となっていた。この点を踏まえて、同法の改正案は、「首相からの迎撃命令がなくても、事前に作成された緊急対処要領に沿って現場指揮官が迎撃を判断する」としていた。これに対して、「日本以外の国を狙う途中で日本の上空に飛来するミサイルを迎撃すれば、結果として他国を防衛したこととなり、集団的自衛権の行使に当たるのではないか」との懸念が指摘されていた (1) 。

　この改正案について、阪田雅裕・内閣法制局長官は、「政府が武力攻撃事態を認定した後に防衛出動を下令したという状況の下で（日本を狙う）

ミサイルを破壊するという措置は、自衛権の行使として当然である」⑵、「米国等日本以外の第三国に向けて飛来するミサイルを撃ち落とすのは武力の行使に該当する場合が多いとする見解があるものの、弾道ミサイルを破壊するという行為自体が憲法第9条で許されていない『武力の行使』に当たるというわけではない」と応じた上で、「ミサイルの迎撃を警察権（の行使）と捉える場合、これを一種の軍隊による行動として実施しないということではなく、自衛隊の活動であっても、治安出動や海上警備行動等、警察権の行使に類するものは多々ある」⑶と答弁した。

　しかし、法制局や政府が、MDに関して「自衛権及び武力の行使」という表現を拒否し続けても、改正案の実態は、「自衛隊による安全保障活動の拡大」に他ならなかった。結局、この改正案は同年7月に国会で成立するに至った。

集団的自衛権の行使問題と法制局

　翌2006年の9月、小泉首相が退陣し、同じ自民党の安倍晋三を首班とする内閣（第1次安倍政権）が後を継いだ。安倍は、首相に就任する以前から、「集団的自衛権の不行使」という政府の方針を変更して行使の容認を実現しようと目指しており、翌2007年の5月、首相個人の諮問機関として、「安全保障の法的基盤の再構築に関する懇談会」（安保法制懇、座長は柳井俊二・前駐米大使が務めた）を設置した。その初会合で安倍は、「公海上で行動を共にする米艦船への攻撃に対する自衛隊の応戦」、「米国に向かう弾道ミサイルへの自衛隊による迎撃」等の事例を挙げ、「新たな時代状況を踏まえた、新たな安全保障政策の構築」を検討するよう指示した⑷。既に同年の2月、米国のR・アーミテージ元国務副長官等は、アジア戦略に関する政策提言（アーミテージ・レポート2）を発表しており⑸、そこでは「自衛隊の海外展開を規定する恒久法の制定」にも論及していた。これは、「集団的自衛権の行使を容認して自衛隊の活動を拡充

しよう」とする安倍首相の背中を押すものとなっていた。

　しかし、宮崎礼壹・法制局長官（阪田の後任）は、「集団的自衛権の不行使という憲法解釈の変更」を求める安倍に「理屈が通らない」と首肯しなかった。また的場順三・内閣官房副長官も、宮崎から「首相が集団的自衛権の行使容認に踏み切れば抗議して辞任する」との意向を伝えられており、「行使容認より政権の足場固めを優先すべきだ」と安倍を制した (6)。加えて、自民党と連立する公明党の太田昭宏・代表は、安倍内閣が成立した直後、「集団的自衛権を研究すること自体はいいが、その結果としてなし崩し的に（憲法解釈を変更）するという形は絶対いけない」と述べ、安倍首相を牽制していた (7)。

　その後、安倍は健康を損ねて同年の9月に退陣し、後継の首相に福田康夫（自民党）が就任した。そして翌2008年の6月、安倍首相の設けた安保法制懇は、報告書を政府に提出した。そこでは、指示された事例について、「集団的自衛権の行使を容認する」よう求めていた。しかし、福田首相は宮崎法制局長官と同様に集団的自衛権の行使に慎重な立場をとっており、同報告書の検討に踏み込むことはなかった (8)。

　さらに同年7月、北海道の洞爺湖で開かれた先進国首脳会議の折に日米両国の首脳が会談した際、米国のブッシュ大統領は福田に、アフガニスタン本土に陸上自衛隊を復興支援のために派遣するよう求めた。しかし、福田は公明党や野党から反対が強いことからこれを断っていた (9)。

海賊対処法をめぐる答弁

　2009年3月、海上自衛隊の艦船が、アフリカのソマリア沖・アデン湾での海賊対策として、自衛隊法に基づく海上警備行動に派遣された。同海域での海賊はイスラム系の勢力から武器・弾薬等の供給を受け (10)、その対策には米国等NATO（北大西洋条約機構）加盟国も参加しており (11)、海賊対策への海上自衛隊の参加は、実質上対米軍事協力の色彩を帯びてい

「変更」でない「変更」　137

た。

　そして同年の４月、日本政府（麻生太郎内閣）は、海賊対処法案を国会に上程した。同法案は、自衛隊が海上警備行動によって海賊行為から保護する対象として、従来認められていなかった「日本と無関係な外国の商船」も加えた上で、「海賊行為を疑われる船舶が自衛隊による停戦命令に応じない場合には、船体への射撃を可能とする」と規定していた。

　その後、同法案の審議で、「自衛隊が検査した船舶に、テロリストや反政府武装組織の構成員等、国に準ずる一団が漁民に偽装して乗り込んでいた場合、これらに自衛隊が射撃等武力を行使するのは、憲法第９条に違反しないと考えてよいのか」との問いが提起された。これに対して、法制局長官の宮崎は、「海賊行為とは、『何人も領有したり支配するのを許されない公海における、私有の船舶による私的な目的に基づく私人の犯罪行為』であり、そのことを自衛隊が認定して射撃するゆえに、当該の射撃は、国家なり国家に準ずる者による行為として評価されるものではない」⑿と答弁した。

　ここで宮崎は、海賊行為を「紛争当事国いずれか一方の戦意の表明（宣戦布告等）を前提とする国際法上のテクニカルな戦争」⒀と概念上区別した上で定義づけていた。しかし、ソマリア沖の海賊は自動小銃やロケットランチャー等で武装しており、米国やNATO諸国も、対策には沿岸警備隊等でなく海軍を派遣していた⒁。こうした点に照らす限り、「憲法第９条で禁じられている戦争及び武力の行使」を「国家及びそれに準ずる組織との間における行為」に限定しようとする法制局の答弁は、「戦争及び武力の行使」の実態と少なからず乖離していると言わざるを得なかった。結局、同法案は同年の６月に国会で成立し、ソマリア沖に派遣されていた海上自衛隊は、海賊対処法に基づいて活動を継続した。

「核持ち込み密約」をめぐる答弁

　同じ2009年の９月に行われた衆議院総選挙で自民党が大敗し、大勝した民主党を中心とする新たな連立政権（民主党の鳩山由紀夫を首班とする内閣）が成立した。こうして政権交代を実現した鳩山内閣は、海上自衛隊が対テロ戦争の支援活動としてインド洋で行っていた給油活動（テロ特措法及び同法が民主党等野党の反対で失効した後は2008年１月に成立した補給支援法に基づいて行われていた）を補給支援法の期限となる翌2010年１月に中止し、代替策として、アフガニスタン警察に年間１億２千５百万ドルを提供する等の支援を決定した。

　鳩山内閣はさらに、自民党が政権を担っていた時期に米国との間で交わした「日本国内への核兵器の持ち込み等に関する密約」について、外務省による内部文書の調査及びそれに関する有識者委員会（座長は北岡伸一・東京大学教授が務めた）の検討に着手した。その俎上には、①1960年１月に藤山愛一郎・外相とマッカーサー駐日米国大使とが交わした「米国艦船の日本への核付き寄港・通過を事前協議の対象から除外する」とした「討議の記録」（第４章を参照）、②1969年11月に佐藤首相とニクソン米国大統領とが署名した「沖縄の返還後に重大な緊急事態が生じた場合、米国が沖縄に核兵器を再び持ち込むのを容認する」とした「合意議事録」が上っていた。このうちの②は、既に若泉敬（元京都産業大学教授、国際政治学者）が自著でその存在を明らかにしており (15)、同年の12月に現物が東京都内で発見されていた (16)。

　そして翌2010年の３月、外務省は上記した密約に関する調査の結果及び有識者委員会の検証報告書を公表した。そこでは、①を「暗黙の合意という『広義の密約』があった」と認定したものの、②については、「同じ1969年11月に出された日米共同声明の内容を大きく超えておらず、密約とは言えない」とする有識者委員会の見解が示されていた (17)。これを受けて、岡田克也・外相は国会の質疑で、「鳩山政権としては非核三原則を堅

持する」と述べる一方で、「（米軍艦が）核付きで（日本に）一時寄港しないと日本の安全を守るのが困難な事態となれば、その時の政権が自らの命運をかけて（核付きの寄港を認めると）決断し、国民に説明することになる」(18)と述べ、米国の核抑止力による対日防衛の効果を事実上肯定した。さらに梶田信一郎・法制局長官（宮崎の後任）は、「核持ち込みのような政府間の密約は憲法上無効になるのか」との問いに、「密約の具体的な内容を承知していない」(19)として、答弁を留保した。この後、同年6月、安保条約は5度目の自動延長を迎えた。

　上記した密約のうち②は、若泉の著書が世に出た後の1996年に国会でも取り上げられ、「密約が政府を拘束し続けるということをどう考えるのか」との問いに、大森政輔・法制局長官は、「密約が存在しないと歴代の政府が答弁している以上、一般論としても答えるべきではない」(20)と述べていた。しかし、同じ密約の存在が1978年に国会の審議で浮上した際、「政府の首脳同士が交わした密約は、国際法上有効か」との質問に、真田秀夫・法制局長官は、「一般論として、そうした取り決め等が密約であったとしても、そのことを以て無効だというわけにはいかない」(21)と答弁した。これは結果として、「密約に基づく核抑止力で日本の安全を守る」という政策を事実上容認するものとなっていた。

国連PKOをめぐる答弁

　民主党は政権交代直前の2009年6月に、同党が衆議院選挙で掲げる公約の土台となる政策集を公表した。そこには、「国連平和維持活動」について、「日本国憲法の理念に合致し、主権国家による自衛権の行使とは性格を異にしており、日本の主体的判断と民主的統制の下に積極的に参加する」と記されていた(22)。これは、同党の実力者・小沢一郎（前出、元自民党幹事長）が目指す「自衛隊を海外に派遣して国連憲章第42条（軍事的措置）に基づく活動にも参加する」という方針の具体化であった。しか

し、それを実現した際には、そうした自衛隊の活動に否定的な意見を持つ同党内の護憲派からの反発が予想されていた。それに加えて、この方針は、日本政府が従来から掲げる「自衛隊による海外での武力行使を認めない」との憲法解釈とも異なっていた (23)。

　この問題は、政権交代後の翌2010年3月の国会でも取り上げられた。その際、法制局長官の梶田は、「従来行われてきた多国籍軍等の活動に照らす限り、国連安全保障理事会が決議を出した場合であっても、それ（多国籍軍に参加しての活動）が各国の主権に基づくものであることは否定できない」とした上で、「日本から（多国籍軍に）派遣された自衛隊による活動は、日本の意思に基づき、主権国家としての日本の行為であると考えられるゆえ、仮にその活動が武力の行使に該当するのならば、憲法第9条の下では許されない」(24) と、小沢の見解を否定する旨を答弁した。

　そして翌2011年11月1日、日本政府（野田佳彦内閣）は、アフリカの南スーダン（内戦を経て同年の7月にスーダンから独立した）での国連PKOに、陸上自衛隊の施設部隊を派遣すると決定した。内戦の収拾や南スーダンの建国には米国が深く関与しており、同国でのPKOへの参加は、対米協力という側面を持っていた。そして野田首相は同日の国会で、「南スーダンPKOへの自衛隊の派遣が、PKO5原則（自衛隊はPKOに従事する際、必要最小限の自衛目的以外で武器を使用しない、等を定めた）に即して行われるべきものであることは言うまでもない」(25) と、PKOに関する梶田の答弁（上述）と同じ趣旨を述べた。

　以上のような、内閣法制局が日米安保協力の運用される過程で示した憲法判断については、「憲法の解釈態度に強い信念を持って臨み、多くの歴史的な試練に耐え、国民からも肯定的な評価を受けている」(26) と捉える一方で、「現行の内閣法制局解釈には重大な欠陥があるから、将来の改憲の問題はあるにしても、政府解釈の是正そのものが必要であると考え

「変更」でない「変更」　141

る」(27) と指摘される等、見解が分かれている。以下、法制局による日米安保協力への解釈を振り返りつつ、法制局の担った役割を検討してみたい。

2、法制局による日米安保協力への姿勢

内閣法制局の基本的な姿勢

　内閣法制局は、各府・省の立案する法律案・政令案・条約案を審査して所要の修正を行う「審査事務」（内閣法制局設置法第3条第1号）及び種々の法律問題に関して首相や各省大臣に意見を具申する「意見事務」（同法第3条第3号）を担い、その前身として第2次世界大戦前に設置された法制局以来、「別格視される最強力官庁」(28) とされてきた (29) 。それゆえ、高辻正己（元法制局長官）が、「法制局長官の基本的な使命は、内閣が法律的な過ちを犯すことなく、その施策を円満に遂行できるようにするという、その一点にある」(30) と自著に記したとおり、法制局には政府側に資する役割が自ずから求められていた。

　また、同時に、内閣法制局長官は内閣が任命し（同法第2条第1号）、内閣法制局の主務大臣は首相が務め（同法第7条）、法制局長官が次長以下職員の任免・配置を掌握する（同法第2条第2号）として、政府による人事を通じた法制局への指揮・監督が可能となっていた。これは結果として、「法制局長官（及び幹部職員）が法律・政策に関する理解・志向の面で政府・与党と相似性の高い人物が選ばれ易い」という土壌を育むこととなった。この点に関して、林修三（元法制局長官）が自著で「政治的方向のすっかり違う内閣に（法制局長官が）歴任するということは、ほとんど不可能だ」(31) と語っていたのは、人事を巡るそのような背景をうかがわせていたと言えよう。

こうした法制局側による対応の一例として、現行の日本国憲法は、第2次世界大戦が終了した後の占領期に立案・制定され、その過程にはGHQ（米国側の対日占領司令部）が大きく関与していた（第1章を参照）。この点を捉えて、「現行憲法の制定は、戦時国際法（戦争中に交戦国等が遵守すべき義務を規定する）の一つであるハーグ陸戦条約（1899年に採択され、日本は1911年に批准した）第43条（占領者は、当該占領地の現行法規を可能な限り尊重する）に違反し、日本側が占領軍の圧力に屈して制定されたものであるから、無効である」(32) との見解が提起されていた。

　その一方、同条約第42条は、「国の一地方が敵軍の権力内に帰した際、当該地方は占領されたとみなす」と規定していた。また日本政府及び当時の日本軍部は1945年9月2日、第2次世界大戦を終結させる降伏文書（ミズーリ協定）に署名し、休戦及び日本全土への占領軍の駐留を受け入れていた。こうした諸点を踏まえて、佐藤達夫（元法制局長官）は、同条が「（日本の）全土にわたる長期の占領を想定していなかった」とした上で、「現実の占領管理について、同陸戦条約第43条に抵触していた面が見られたが、これは降伏文書の効果によるものと見られる」と、現行憲法の無効論を否定していた (33) 。

　ここで佐藤は、「仮にハーグ陸戦条約が適用されるとしても、占領に先立って降伏文書の署名により休戦が成立しているゆえ、『特別法（この場合は降伏文書）が一般法（同、ハーグ陸戦条約）に優先する』との法解釈における基本原則が適用される」との解釈に立っていた。そして、法制局も後年、同じ問題が国会で取り上げられた際、同様の見解を示していた (34) 。これらはいずれも、「米国側の意向に従ってGHQ案に基づく新憲法を制定する」との日本政府の方針を肯定するものとなっていた。

旧安保条約・再軍備政策への姿勢

　第2次世界大戦の終結後から冷戦の勃発前後までの期間中、法制官僚

「変更」でない「変更」　143

は、「憲法第9条、一定の軍事組織（警察予備隊、保安隊、自衛隊等）、及び旧安保条約を関連させ、日米両国の協力による日本の防衛、及び米国に対する日本防衛の（事実上の）対価としての軍事基地提供等の便宜供与を図る」という姿勢で、安全保障政策に関する解釈・答弁に臨んだ。そして、これに関連して、金森徳次郎（前出、新憲法制定時の憲法問題担当国務大臣、元法制局長官）も自著で、「他国の戦力によって日本の安全が保障し得られるならば、我々は当然にこれを否定する理屈はない」(35) と、旧安保条約によって日本の防衛を図る政策を肯定する旨を記していた。既に朝鮮戦争の時分、米軍は長崎県の佐世保等日本国内の基地・空港・港湾等の施設を軍事活動の拠点として使用しており (36)、旧安保条約の締結は、このような便宜供与を米国側が（対日防衛に先立って）引き続き享受する効果をもたらしていた。

　また、再軍備政策に関して、佐藤達夫（前出、同時期の法制局長官）は、やはり自著で、憲法第9条第2項中の「陸海空軍その他の戦力を保持しない」という文言について、「軍事目的を持っていると否とに拘わらず、換言すれば顕在たると潜在たるとを問わず、（日本が）およそ戦力というものを持たない、という趣旨と見るのが当然」であり、「（日本）政府が、仮に陸軍というものを持っても、その実力が戦力に達しなければ、必ずしも憲法違反の問題に」ならず、自衛隊の任務・目的が「レッテル」に過ぎないゆえ、「レッテルにどう書かれてあるかということは問題」ではなく、「武装タンクを戦車といおうと特車といおうと、そのもの自体に変わりのないのと同じ」(37) であると述べ、「戦力」とそれに及ばない「自衛力」との区別が事実上困難なことをほのめかしていた。実際、大橋武夫（前出、同時期、法制官僚の上司に当たる法務総裁を務めた）は、国会で「警察予備隊の憲法上の位置づけ」を問われた際、「内乱を鎮圧するための『鎮圧力』であり、戦力ではない」(38) と答弁し、出席者の失笑を買っていた。

しかし、それは外国の研究者から、「（日本の）戦力は他国の（軍事）能力及び国際環境との関係にのみ制限される結果、いつの間にか実質的に拡大していく」 (39) と看破されていた。その一方、米国側には、こうした再軍備政策を「詭弁じみた（sophisticated）解釈である」と指摘しつつも、「憲法第9条が日本における無責任な軍国主義の再発を防ぐのに役立つとすれば、それは世界の平和にとって積極的な貢献といえる」と論評する声も上がっていた (40) 。

改定安保条約・自主防衛政策への姿勢

鳩山内閣から池田内閣にかけての期間中、法制官僚は安保条約、自衛権、自衛力等の解釈に関し、「自衛隊は日米安保条約に基づき米軍と協力した上で自国領域内の防衛に専念するが、国外での軍事・安全保障活動を否定しない」、「核兵器については現実に保持しないものの、自衛の範囲内ならば憲法上保持を禁じられない」と、一定の枠内において「自主的」な国防政策に取り組むという姿勢で答弁を続けた。実際、林修三（前出、同時期の法制局長官）は当時、憲法を「国の在り方の大きな枠というか、土俵を決めたもの」であり、その「大きな土俵の中では、必ずしも物事は一本道では」なく、「いくつかの立法政策が有り得る」とした上で、「憲法第9条の趣旨から考えて、自衛隊に小型核兵器を持たせることは違憲ではない、合憲だというのは、あくまで立法論」であり、「立法政策として、小型核兵器を持たせることも持たせないことも可能であって、そのどちらを採っても違憲という問題は」生じないものの、原子力基本法第2条（原子力の開発・研究・利用を平和目的に限るとする）を解釈した結果、「自衛隊を小型のものであろうと核装備することは、この規定の趣旨に反する」 (41) と記し、日本による核兵器の自主開発に含みを残していた。

こうした「自主防衛」という方針の下で、改定安保条約でも、内乱条項（旧安保条約第1条、米軍が日本国内の内乱を鎮圧すると規定した）も、

「変更」でない「変更」 145

「日本の主権に抵触する」(42) と日本側が主張した結果、削除された。しかし、改定された同条約で、岸内閣が日本の自立を示す最も重要な指標として掲げた「事前協議」という仕組みは、「米軍の行動に日本が拒否権を行使し得る」と明瞭にしなかった。また、安保条約の改定に先立って作成された「安保条約と国連憲章との関係に関する交換公文」(1957年) すらも、現実には、日米安保条約に基づく軍事行動を「国連の権威の下」に位置付けることにより、「日本が不当に戦争に巻き込まれると云う議論に対する」反論を行う際の根拠となる側面を持っていた(43)。

その結果、法制官僚は、「米軍部隊の移動や核兵器の持ち込みに対する日本側の規制効果」について、不明瞭な答弁を繰り返した。林自身は、「(安保)条約改定をとりやめれば、いわゆる事前協議の制約もなく、極東の平和と安全のための(米軍の)出動規定は、もとどおり(旧安保条約)の形で残る」(44) と改定安保条約について前向きに評価しており、これも日本側の対米便宜供与を容認するような見解を表明し続ける素地となっていたと思われる。

しかし、改定安保条約がもたらした日米両国間の「不徹底な対等化」は、米国側にとって必ずしも不満足なものではなかった。同条約を批准するために米国上院が開いた審議では、出席者から「米国が日本からの兵站支援を享受する権利を得たことは極めて有益である」(フルブライト議員)、「朝鮮や沖縄での戦闘に米軍が用いられる時、日本は喜んで(事前)協議に同意するだろう」(ブッシュ議員)との声が上がっていた(45)。

ベトナム戦争・沖縄返還問題への姿勢

ベトナム戦争及び沖縄返還前後の時期、法制官僚は、「基地・労務・物品等を日本側が米軍に提供する際、『戦闘に関与しない』という枠の幅を、可能な限り拡大して米軍側からの要望に応える」という姿勢で答弁及びそれを裏付ける法律・条約等の解釈に臨んだ。その一方で彼らは、「自

146

衛隊による米軍の支援は非軍事面に限る」、「自衛隊は武力の行使を伴う国連軍の活動には参加しない」、「核兵器は、非核三原則に基づく政策上の判断から保有しない」と、軍事面での活動や軍備の範囲について一定の制約を設ける旨を表明した。

　そして、この点に関連して高辻正己（前出、同時期の法制局長官）は以前の自著で、「国際協力活動として我が国が武力行動をすることは、憲法の容認しないところと言わなければなるまい」が、「我が国がその防衛に関して特定の外国の集団的自衛権の発動を享受することは、無論話が別であって、憲法の禁止するところではない」(46)と、政府側に通ずる見解を表明していた。また、林修三も当時、米軍による核兵器の日本国内への持ち込みをめぐる事前協議に関して、「日本政府が核兵器の持ち込みを拒否する態度をとっていることは、米国政府にも明らかなところであるから、・・・・日本政府の承認なしに核兵器が（日本に）持ち込まれることはありえない」(47)と、安保条約及びその関連諸取極が日本の安全保障にとって有効に働き得るとする旨を記していた。

　さらに林は、「安保条約における『極東』という文言は、この条約の適用地域や駐留米軍の出動範囲を特定するような性質のものではないから、・・・・極東の地域をはっきり定義づける必要はない」(48)と、米軍の行動に便宜を図る旨を記した。そして、このような姿勢は、沖縄の返還に際しても、「（返還に伴う）沖縄基地の機能低下に対し、日本側が極東における平和と安全の維持のため、いかなる代償措置を考えているかということを具体的に示すことが、どうしても必要で」あり、その具体的な内容として、「日本自身の防衛力の強化」等を挙げたことにも反映されていた(49)。

　他方の米国政府は、既に1969年5月に打ち出した対日政策の基本方針に、「沖縄の返還後、同地の米軍基地を朝鮮半島・台湾・ベトナムでの有事に対応するために最大限自由に活用する」(50)と記していた。そして同

「変更」でない「変更」　147

年の初夏から秋にかけて、日米両国政府が沖縄の返還方式について協議した際、米国側は、朝鮮半島等日本の近隣地域での軍事危機に際して、米軍基地の自由使用を求めていた。これに対して、日本政府は、米軍の行動を安保条約に基づく事前協議の対象とするものの、これに拒否を示さない方針を表明していた (51)。

　さらに1972年2月、日本政府は第4次防衛力整備計画を閣議決定した。そこには、「日米安全保障体制を基軸として、侵略を抑止する防衛力を整備し、以て民主主義を基調とする我が国の独立と平和を守ることを基本方針とする」と、林の指摘と同様な対米協調の姿勢が明示されていた (52)。

対米便宜供与・集団的自衛権論への姿勢

　三木内閣から中曽根内閣にかけての期間中、法制官僚は、「自衛隊の活動は必要最小限の範囲内で個別的自衛権を行使して日本の領域を防衛することに限定し、自衛及び自衛力の範囲は個別の状況によって異なる」、「米国の核抑止力に日本の安全を委ね、核兵器を保持しない政策を採る」、「集団的自衛権を行使しない範囲で米国と安全保障協力を強化すると同時に、基地及び軍事技術の供与等で便宜を図る」という姿勢で法律・条約等を解釈し続けた。こうした中で、自衛隊と米軍は1982年に日本への有事を想定した初の実戦共同演習を静岡県の東富士で実施した。また、1984年には、米海軍に属する核巡航ミサイルの搭載が可能な原子力潜水艦タニー及び原子力空母カールビンソンが神奈川県の横須賀に入港していた。その一方、同年7月に来日した中国の張愛萍・国防相は、日米安保条約の存在及び日本の防衛力増強に賛意を述べ、日米安保協力に柔軟な姿勢を示していた (53)。

　このような状況が続く中、国会では「現行の安保条約が片務型（米国は対日防衛義務を負うが日本は対米防衛義務を負わない）から双務型（日米両国が相互防衛義務を負う）に改められた場合、日本は集団的自衛権を行

使することが認められるのか」との質問が提起された。これに対して、角田礼次郎（同時期の法制局長官）は、「そのような改定は憲法上許されない」(54) と、「集団的自衛権の不行使」という方針に沿って答弁した。

　しかし、法制官僚が、日本の安全保障活動を制限する際の指標として掲げた「必要最小限」、「個別の状況」等の基準は、いずれも具体的な内容を伴わず、「日本に許される」安全保障活動の範囲を限りなく拡大し得る余地を残していた。吉国一郎（同時期の法制局長官）は後年、「自衛権というのは、集団的に行使される場合と個別的に行使される場合とあるんだということで集団的自衛権の問題を解決するというのが、本当は筋」であり、「誰か法制局長官が一人辞表を出す格好で（集団的自衛権の行使に関する問題の解決を）やればいいんだ」(55) と述べているが、ここには、「個別的自衛権の範囲を拡大して集団的自衛権の行使に至らないように解釈する作業が限界に達しつつある」という認識が浮き彫りにされていた。日本政府の掲げる「（日米）同盟に軍事上の意味合いはない」との方針は、形骸化の様相を呈していた。

　さらに、日本政府は上述した日米安保協力に対応するため、自衛隊の装備強化に踏み切った。1985年9月に中期防衛力装備計画を閣議決定して戦闘機や対潜哨戒機の取得数を増加し、翌1986年12月、次年度予算案で防衛費はGNP（国民総生産）の1パーセント枠を上回った。「自衛力の限度はその時々で変わる」とする法制官僚の答弁からすれば、それは当然の趨勢であった。そして、これに関して、J・レーマン（レーガン米大統領の下で海軍長官を務めた）は、「（米国による対ソ）冷戦封じ込め戦略は、日本の自衛力再建がなければ成功しなかったろう」(56) と語っていた。

有事対応・平和復興支援活動への姿勢

　「冷戦の終結」前後から「対テロ戦争」に至るまでの時期、法制官僚は、憲法第9条で許容し得る限り、有事対応・平和復興支援関連法の制定

を推進する姿勢で臨んだ。実際、彼らの示した解釈により、自衛隊の多国籍軍への参加は成らなかったものの、掃海艇の派遣は実現した。こうした結果の相違に関連して、工藤敦夫（同時期の法制局長官）は後に、「法律が時代に適合しないからといって、（政治家が）その解釈を曲げろというのは筋違いだ」との趣旨を述べる一方で、「自分たち（法制局）の（法令に対する）審査は政策優先である」(57) と語っていた。

　また、米軍の部隊は岩国（山口県）、横須賀、横田（東京都）等日本国内の基地から湾岸戦争に出撃しており (58)、日本が多国籍軍への支援として巨額の資金を提供したことと合わせて、事実上の日米安保協力が稼働していた。既に法制官僚は、「米軍の単なる移動は戦闘作戦行動ではないので、（日米安保条約における）事前協議の対象とならない」との解釈を打ち出しており（第2章を参照）、米軍側が「日本及び極東を防衛する目的でない」と称して「移動」するのを、日本側に拒む術は備わっていなかった。

　続いて、朝鮮半島で軍事緊張が高まると、「同地で米国のとる軍事行動が、在朝鮮国連軍あるいは在韓米軍のいずれに該当するか」との質問が国会で提起された。これに対して日本政府は、「国連軍司令官と在韓米軍司令官の業務及び各々の業務の区別については、米国、韓国、国連軍司令部の間の問題であって、日本政府として承知していない」(59) との見解を発表し、この問題に介入せず、米軍の自由な行動に事実上便宜を図る姿勢を示した。

　その後の1994年、米国と北朝鮮との間で武力紛争の勃発する事態に備えて、日本政府が有事法制の準備に着手したのに続き、翌1995年、自衛隊と米軍は作戦計画「5053」（中近東等での有事が日本への攻撃に及んだ場合の日米防衛協力を想定した）を完成した。しかし、日本側の活動はいずれの場合も、公海上での機雷等の処理、日本に来援する米軍艦船の護衛等、「集団的自衛権の行使に及ばない」という体裁のものに限っていた (60)。

150

さらに、テロ特措法の制定に際し、秋山収（同時期の法制局長官）は、「非戦闘地域」という概念を、「戦闘があるかないかわからない状況でも自衛隊が活動できる」ように工夫した「官庁文学の傑作である」(61) と述べていたが、そこには、法律の解釈と現実の事態との乖離が最早看過し得ないものとなっていた。他方の米国政府では、日本がイラクへの復興支援活動を始める前後、R・アーミテージ（前出、当時の国務副長官）が、「集団的自衛（の枠組み）に参加できないことが（日本にとって）同盟協力の障害になっている」と不満を示しつつも、「日本がどのような立場を取ろうと、米国は日米安保条約に規定されている対日防衛義務を尊重する姿勢に変わりはない」(62) と語っていた。そこには、日米安保協力を重視する姿勢が示されていた。

日米安保協力に対する基本的な姿勢

　法制官僚は、自らが法律・条約等を解釈する際の手法として、「当該法令の規定の文言、趣旨等に即しつつ、立案者の意図や立案の背景となる社会情勢等を考慮し、また議論の積み重ねのあるものについては全体の整合性を保つことにも留意して論理的に確定する」(63) との見解を表明していた。これに加えて、「最高裁判所は旧・改定安保条約について統治行為論（高度な政治性を有する行為等は原則として司法権の対象外となる、第2章を参照）を採っている」(64)、「条約は法律に優先する」(65) との方針を示していた。

　そして、日米安保協力に関して、日米両国政府間で合意が見られたもの（憲法第9条の制定、自衛力の創設・拡充、日米安保条約・テロ特措法等に基づく対米便宜供与、原子力基本法及びNPT〔核拡散防止条約〕に基づく核兵器の不保持、PKO法やイラク特措法等に基づく国際平和活動）は、法制官僚が同意して実現・推進された。他方で、米国側からの要望の有無に関わりなく日本の政権内部で意見が一致しないもの（鳩山一郎内閣

「変更」でない「変更」　151

時の「自衛目的の軍隊は合憲である」とする政府解釈、湾岸戦争時の自衛隊による多国籍軍への参加、第1次安倍政権時の集団的自衛権行使容認、民主党政権下での武力行使を伴う国連軍等への自衛隊の参加）は法制官僚の反対により結実しなかった (66)。また、法制官僚が反対したものの、日米両国が強く望んで実現したもの（武器輸出三原則及びテロ特措法での武器使用基準の緩和）もあったが、高辻正己は、「（法制局は、政策の採用に関して）自分の考えがあっても、これは殺す」(67) と、政府の方針に従う旨を明らかにしていた。そこには、官僚にありがちな「政治にとって都合の悪いことをしないと共に、自分の意見を明確にしない」(68) という行為規範が浮かび上がっていた。

3、結論—集団的自衛権行使容認への途

集団的自衛権行使容認への胎動

　2012年12月に衆議院総選挙が行われた結果、政権が交代し、安倍晋三を首班とする自民・公明両党の連立内閣（第2次安倍政権）が再び成立した。安倍は、この選挙及び翌2013年7月に実施された参議院選挙の後、山本庸幸・法制局長官（梶田信一郎の後任）に、「集団的自衛権行使容認のために憲法解釈を変更する可否」を二度にわたって打診した。これに対して山本は、従来通り「困難である」とする一方、「ミサイル（防衛）以外では、（法制局の解釈により）可能な範囲内で実現し得ることを考える」と安倍に伝えていた。これは、「『集団的自衛権の行使』という体裁を採らずに安倍首相の求める安全保障政策の実現に協力する」という姿勢を示していた (69)。

　そして2013年4月、日本政府は、海外での紛争に巻き込まれた邦人を救出するための移送を陸上でも行い得るようにする自衛隊法の改正案を国会

に上程した。こうした救出活動の際に自衛隊が武器を使用する基準について、山本法制局長官は、国会で、「武器の使用は、あくまで自衛隊員と行動を共にする者（邦人）を保護するために限られ、国又は国に準ずる組織への使用は、憲法第9条が禁ずる『武力の行使』に該当する」(70)と、現行の憲法解釈に沿って答弁した。そして、この改正案は、武器を使用する基準を邦人の保護以外に緩和することなく、同年11月に成立した。

このような有事に際しての邦人の保護・救出は、日本政府にとって大きな課題となっていた。既に新ガイドライン（1997年）の作成時、日米両国政府は、避難する邦人を米軍が移送するための作戦を検討することで合意していた。しかし、その後、周辺事態法（1999年）を制定する際、米国側の「救出は米国民を優先する」という意向で、同作戦は立案に至らなかった(71)。

一方の安倍首相は、同年2月、前政権時に設置した安保法制懇を再開する等、集団的自衛権の行使容認に向けて動き始めた。既に前年の8月、R・アーミテージ等米国のアジア問題研究家は、日米同盟に関する報告書（アーミテージ・レポート3）を発表し、「中国が南シナ海方面への進出を図っているのに対し、日米両国が政策・軍事の両面で対応する必要がある」と、日米安保協力の拡充を求めていた(72)。実際、同時期の中国は南シナ海に勢力圏の拡大を目指してベトナム、フィリピン等東南アジア諸国との間で対立を深めていた。また、北朝鮮は2009年4月以降、核実験やミサイルの発射を繰り返して世界各国から非難されるなど、日本の近隣一帯には軍事緊張が続いていた。

こうした中、翌2014年2月の国会で、小松一郎・法制局長官（山本の後任）は、「憲法解釈を変更するか否かは、安保法制懇が報告書を出すのを待って検討したい」(73)と慎重な言い回しで答弁した。その一方で、横畠裕介・法制次長は同時期の答弁で、「（憲法等法令に関する）従前の解釈を変更するのが妥当であるとの結論に達した場合には、これを変更するこ

とが許されないというものではない」(74) と、集団的自衛権の解釈変更に
含みを持たせていた。

集団的自衛権行使容認の閣議決定と法制局

　外交官の出身で外部から法制局長官に任用された小松は、第１次安倍政
権時に安保法制懇の事務方を務めるなど、集団的自衛権の行使容認派とし
て知られていた (75) 。しかし、彼は次長の横畠との間で、「憲法第９条の
解釈には限界がある」との認識で一致し、「集団的自衛権の行使を自国の
防衛に制約した上で認める（限定容認）」で政府の見解をまとめる方針を
固めた (76) 。総裁として衆議院総選挙に大勝した安倍首相に対し、自民党
の内部で集団的自衛権の行使に強く反対する声は影を潜めていた。また、
公明党も、内部には集団的自衛権の行使に慎重な意見も根強かったが、支
持者の求める福祉政策の推進を優先し、山口那津男・代表が、「（安保）
政策に関する不一致だけで（連立を）離脱するのは到底考えられない」と
明言していた (77) 。

　こうした中、小松と横畠は、安倍内閣による新たな憲法解釈の中核とな
る「武力行使の新３要件」として、以前に作成した集団的自衛権に関する
政府「資料」（以下、「資料」と略す、1972年、第３章を参照）中の「国
民の生命、自由、及び幸福追求の権利が根底から覆される場合」（以下、
72年見解と略す）を用いた原案を作成した。しかし、2013年９月、この原
案を示された安倍首相は、「シーレーン防衛に集団的自衛権を用いようと
しても制限されてしまう」と難色を示し、「72年見解」は案から削除され
た (78) 。その一方で安倍は、翌2014年２月の国会で、集団的自衛権が「憲
法の解釈上、必要最小限の範囲内で行使される」(79) と、「限定容認」論
を採る旨を答弁した。

　そして翌2014年５月14日、安保法制懇は、「北朝鮮によるミサイルの開
発等、安全保障環境の変化に対応するため、憲法の認める『必要最小限度

の自衛の範囲』に集団的自衛権を含めるよう憲法解釈を変える」ことを提案した報告書を発表した (80) 。続く同年 6 月 9 日、公明党の北側一雄・副代表は、横畠裕介・法制局長官（病気で辞任した小松一郎の後任として次長から昇格、小松は同月に死去した）も同席した場で、「武力行使の新 3 要件」に「72 年見解」を挿入する案を示し、「これで公明党がまとまるよう説得する」と、自民党の高村正彦・副総裁に伝えた。この案は、横畠が安倍首相の表明した集団的自衛権に関する「限定容認」方針を知り、「72 年見解」を復活させようと北側と協議して作成したものであった。そして、同案に賛同した高村は安倍首相にこれを受け入れるよう説得し、安倍も同意した (81) 。

　続く同年 7 月 1 日、安倍内閣は閣議で、「日本と密接な関係にある他国に対する武力攻撃が発生し、日本の存立が脅かされ、国民の権利が根底から覆される明白な危険があり、これを排除する適当な手段が他にない時に、必要最小限の実力を行使するため、集団的自衛権を含む措置を可能とする」とした、「武力行使の新 3 要件」に基づく新たな憲法の解釈を決定した。それと同時に、自衛隊による他国の軍隊への支援が「非戦闘地域」に限られていたのを、「現に戦闘を行っていない場所」で「武力の行使と一体化せずに行う」と拡大する方針も示した。この閣議決定を記者会見で発表した安倍首相は、「現行の憲法解釈を何ら変更するものではない」と述べた (82) 。

　このように、閣議決定自体は、法制局が目指したとおり、「72 年見解」が基調となっていた。一方、同じ「72 年見解」に基づく「資料」は、この閣議決定と異なり、集団的自衛権の行使を認めていなかった。無論それは、「法令等の解釈には社会情勢（この場合は「他国の危機も日本の危機に繋がり得る」という安全保障環境の変化）等を考慮する」という法制官僚の姿勢に照らす限り、文面の解釈に限れば整合すると言えなくもなかった。しかし、「国民の権利が根底から覆される」等を判断する際の具体的

「変更」でない「変更」　155

な基準は何ら示されておらず、結果として、政府が「集団的自衛権を行使する範囲」を拡大し得る可能性を含んでいた。

他方で、米国のヘーゲル国防長官は、この閣議決定を「自衛隊が一層幅広い活動に従事し得るようになり、日米同盟の効果が増すことになる」と評価する旨を表明した (83)。

法制局による安保解釈の本質

法制局長官経験者の一人は、横畠長官から集団的自衛権行使容認の閣議決定について「従来の政府解釈とは整合性を保っている」と説明された際、「そんな論理は屁理屈だ」と叱責したと伝えられる (84)。しかし、法制局の内部には「日米両国による対日防衛は事実上集団的自衛権の行使である」との認識もあり（第4章を参照）、この点に照らす限り、「集団的自衛権の不行使」を押し通してきた歴代の法制局長官による答弁も、「屁理屈」の誇りを免れなかったと言えよう。

そして、同年10月の国会で、横畠法制局長官は「閣議決定の持つ効力」を問われた際、「一般論としては、（決定の効力が）その後の内閣にも及ぶというのが従来からの取り扱いとなっているが、憲法及び法律の範囲内で前の閣議決定に対する変更が必要な場合は可能である」と述べた。しかし、その上で「（安倍内閣による集団的自衛権行使容認の閣議決定については）憲法解釈に関する議論の積み重ね等による全体の整合性を保つことにも留意して論理的に確定すべきものであり、そのような考え方を離れて政府が自由に変更し得るような性質のものではない」 (85) と、安倍首相の意向に沿って答弁していた。

さらに翌2015年2月の国会で、集団的自衛権行使容認の閣議決定に盛り込まれた「自衛隊による非戦闘地域以外での後方支援」に関連して、横畠は「（後方）支援活動の対象となる他国の軍隊が現に戦闘行為を行っている現場では支援活動を実施しないと同時に、支援活動の最中に戦闘が始ま

ったような場合には（支援活動を）休止・中断するという措置を確保すれば（武力の行使との）一体化という問題は回避できる」(86)と述べた。しかし、これに先立つ2008年に自衛隊が作成していたイラクでの復興支援活動（活動自体は同年12月に終了した）に関する内部文書では、陸上自衛隊の宿営地がロケット弾で攻撃され、「一つ間違えば甚大な被害に結びついた可能性もあった」(87)と記されるなど、「非戦闘地域」に限られた後方支援活動が必ずしも安全とは言い難いことを示していた。

　結局、第2次世界大戦の終結から21世紀を迎えた今日に至るまで、法制官僚は、日米両国政府の意向に配慮し、日米安保協力に関する法律・条約等の解釈・答弁を進めたと言えよう。阪田雅裕（前出、元法制局長官）は、集団的自衛権の（一部）行使容認を認めた閣議決定（前出）に触れて、「『憲法解釈のありようを見直し、かつ論理的に可能な解を見つけろ』という（政府からの）難問」に対して法制局の示した「ぎりぎりの発想ではなかったかと思う」(88)と述べているが、ここには法制官僚自身の抱く憲法解釈への志向と法制局が政府内組織として担う役割の限界との相克がうかがわれた。

　しかし、法制官僚は、「戦力」、「集団的自衛権」、「後方支援」等様々な用語・概念について具体的で説得力のある内容を示さず、現実の安全保障活動と乖離した説明を続けた。そして彼らは、**憲法第9条の下で、自衛力という「軍隊」でない「軍隊」の創設に一役買い、安保条約を改定しても「対等」とは言い難い日米両国の関係を「対等」であると強弁し、「極東」外での米軍の行動への支援を「極東」外でも問題ないとして言い繕い、日米両国間での軍事「同盟」化を「同盟」でないとして反対せず、有事対応や平和復興支援活動によって自衛隊が「戦争」に関与するのを「戦争」でないとして容認した。さらには、「変更」しようとしなかった「集団的自衛権の不行使」という解釈を「変更」でないとして「変更」し**

「変更」でない「変更」　157

た。そして、そのような姿勢は、日米安保協力が日本を米国の補佐役と位置付ける形で拡大し続けるという事態をもたらしたのである。

[注]

(1) 自衛隊法の改正案については、『朝日新聞』2005年2月10日。

(2) 『第162回国会衆議院安全保障委員会会議録第2号』2005年2月24日、8頁。

(3) 『第162回国会衆議院武力攻撃事態等への対処に関する特別委員会議録第2号』2005年3月31日、12頁。

(4) 『朝日新聞』2007年5月18日。

(5) 同上、2007年2月18日。

(6) 同上、2014年3月3日。

(7) 同上、2006年10月2日。

(8) 同上、2008年6月25日。

(9) 同上、2011年6月17日。

(10) 森本敏「ソマリア沖海賊対処活動とその安全保障上の意味合い」『防衛法研究』第33号、2009年、48頁。

(11) 防衛知識普及会編『海賊対策』内外出版、2009年、13頁。

(12) 『第171回国会衆議院海賊行為への対処並びに国際テロリズムの防止及び我が国の協力支援活動等に関する特別委員会議録第7号』2009年4月23日、15頁。

(13) 前掲書『国際法講義・下〔改訂版〕』230－231頁。

(14) 前掲書『海賊対策』11－12頁。

(15) 若泉敬『他策ナカリシヲ信ゼムト欲ス』文芸春秋社、1994年。

(16) 『朝日新聞』2009年12月23日。

(17) 検証報告書では他に、1960年1月に藤山・マッカーサー間で合意した「朝鮮半島での有事における米軍の戦闘作戦行動を事前協議なしに認める」とした非公開文書（朝鮮議事録）と、1971年6月に交わされた「沖縄返還に際して土地の現状を回復するための補償費4百万ドルを日本側が肩代わりする」という「議論の要約」を、共に「密約に該当する」とした。同報告書の要旨は、同上、2010年3月10日。

(18) 『第174回国会衆議院外務委員会会議録第5号』2010年3月17日、6頁。

(19) 『第174回国会衆議院外務委員会会議録第12号』2010年4月14日、13頁。

(20) 『第136回国会参議院予算委員会会議録第14号』1996年4月25日、17頁。

(21) 『第84回国会参議院予算委員会会議録第10号』1978年3月14日、30頁。

(22) 『朝日新聞』2009年7月24日。

(23) 同上、2009年6月24日。

(24) 『第174回国会参議院予算委員会会議録第15号』2010年3月23日、14頁。

(25) 『第179回国会衆議院本会議録第5号』2011年11月1日、5頁。

(26) 前掲書『戦後政治にゆれた憲法九条』248頁。

(27) 前掲書『集団的自衛権』262頁。

(28) 「内閣法制局－大蔵省主計局と並ぶ別格官僚機構」『選択』1991年4月号、126頁。

(29) 1948年から1952年まで法制局が廃止され、その機能が法務庁と法務府に置かれたのは、「GHQが法制局を内務省と並ぶ官僚機構の牙城と見なして解体の対象とした」との説がある。西川伸一「内閣法制

局－その制度的権力への接近」『政経論叢』第65巻第5・6号、1997年、189頁。

(30) 高辻『時の舞－高辻正己・雑録集』ぎょうせい、1988年、106頁。

(31) 前掲書『法制局長官生活の思い出』31頁。

(32) 相良良一「現行憲法の効力について」『公法研究』第6号、1957年を参照。

(33) 佐藤『日本国憲法成立史（1）』有斐閣、1962年、134－135頁。

(34) 「衆議院議員森清君提出日本国憲法制定に関する質問主意書に対する答弁書」1985年9月27日付。

(35) 金森『憲法遺言』学陽書房、1961年、76頁。

(36) 前掲書『アメリカの戦争と日米安保体制』87－88頁。

(37) 佐藤『戦力その他』学陽書房、1953年、22頁。

(38) 『第12回国会参議院平和条約及び日米安全保障条約等特別委員会会議録第20号』1951年11月16日、22頁。

(39) Richard J. Samuels, *Securing Japan:Tokyo's Grand Strategy and the Future of East Asia*, Cornell University Press, Ithaca, New York,2007, p46.

(40) Theodore McNelly, "The Renounciation of War in the Japanese Constitution",*Political Science Quarterly*, LXXXⅡ,September,1962,p378.

(41) 林「第31回国会の防衛論議を顧みる（中）」『時の法令』1959年6月23日号、42頁。なお、2012年6月、自民党の提案により、原子力基本法第2条には、「原子力を利用する目的」として、「我が国の安全保障に資する」という文言が加えられた。

(42) 前掲書『戦後日本と国際政治』108頁。

(43) 東郷文彦『日米外交三十年―安保・沖縄とその後』中公文庫、1989年、53－54頁。

(44) 林「日米修好百年と安保条約の改定」『時の法令』1960年5月3日号、32頁。

(45) 神川彦松編『アメリカ上院における新安保条約の審議』有信堂、1960年、69頁、77頁。

(46) 高辻『憲法講説』良書普及会、1960年、84頁。

(47) 林『法律夜話：憲法第9条と安保条約』時事問題研究所、1968年、75頁。

(48) 林「法制局時代の思い出」、内閣法制局百年史編集委員会編『内閣法制局の回想』大蔵省印刷局、1985年、19頁。

(49) 林「沖縄問題の解決のために（下）」『共済新報』1969年3月号、33頁。

(50) *op.cit.* NSDM13,May28,1969.

(51) 我部政明『沖縄返還とは何だったのか』日本放送出版協会、2000年、108－164頁。

(52) 前掲書『戦後政治と自衛隊』95頁。

(53) 『朝日新聞』1984年7月9日。

(54) 『第95回国会衆議院法務委員会会議録第7号』1981年11月13日、4頁。

(55) 前掲書『吉国一郎オーラル・ヒストリーⅠ』13頁。

(56) 前掲書『日米同盟半世紀』392頁。

(57) 政策研究大学院C.O.Eオーラル・政策研究プロジェクト『工藤敦夫オーラル・ヒストリー』2005年、94－95頁、415頁。

(58) 前掲書『アメリカの戦争と日米安保体制』183－193頁。

(59) 『参議院議員瓲正敏君提出在朝鮮国連軍に関する質問に対する答弁書』1992年1月31日付。

(60) 『朝日新聞』1996年9月2日、9月16日。なお、米朝間の武力紛争危機は、両国間の外交努力によって回避され、有事法制の検討作業は中断した。

(61) 『朝日新聞』2007年8月11日。

(62) 同上、2004年2月4日。

(63) 『第159回国会衆議院会議録追録』2004年11月19日、15-17頁。

(64) 角田礼次郎・法制局長官の答弁。『第94回国会衆議院予算委員会議録第10号』1981年2月17日、6頁。

(65) 山内一夫・法制局第1部長の答弁。『第38回国会衆議院社会労働委員会議録第3号』1961年2月14日、7頁。

(66) 民主党政権時、同党の小沢一郎・幹事長が、法制局長官の国会での答弁を禁ずるよう国会法の改正を試みた（結局は実現せず）について、秋山収・元法制局長官は、「（小沢氏は自分の主導した国連平和協力法案が法制局の反対で廃案に追い込まれたことで、法制局による憲法第）9条の解釈が気に入らないという、その一点でしょう」と語っていた。『朝日新聞』2009年11月3日。

(67) 高辻正己・田原総一郎「（対談）憲法解釈を弄ぶなかれ」『諸君!』1993年5月号、90頁。

(68) 下河辺淳（元国土庁事務次官）の発言。『朝日新聞』2012年4月4日。

(69) 同上、2014年10月28日。

(70) 『第183回国会衆議院予算委員会議録第23号』2013年4月16日、12頁。

(71) 『朝日新聞』2014年6月16日。

(72) 同上、2012年8月16日。

(73) 『第186回国会衆議院予算委員会第1分科会議録第1号』2014年2月26日、61頁。

(74) 『第186回国会衆議院予算委員会議録第6号』2014年2月12日、2頁。

(75) 『朝日新聞』2013年8月2日。なお、法制局長官は、同第1部長等を経て次長から内部昇格するのが慣行となっていた。

(76) 同上、2014年11月1日。

(77) 同上、2014年2月26日、7月1日。

(78) 同上、2014年11月6日。

(79) 『第186回国会衆議院予算委員会議録第5号』2014年2月10日、40頁。

(80) 『朝日新聞』2014年5月14日。

(81) 同上、2014年10月26日。

(82) (83) 同上、2014年7月2日。

(84) 同上、2014年11月7日。

(85) 『第187回国会参議院外交防衛委員会会議録第3号』2014年10月21日、11頁。

(86) 『第189回国会参議院予算委員会会議録第4号』2015年2月5日、15頁。

(87) 『朝日新聞』2015年7月17日。

(88) 同上、2014年11月8日。

追補 法制局と安全保障関連法の成立

改定新ガイドラインと安全保障関連法案

　2014年の10月、日米両国政府は、新ガイドライン（前出）を改定する作業の中間報告を作成した。そこには、「日米安保条約及びその関連取極に基づく権利及び義務並びに日米同盟関係の基本的な枠組みは変更されない」とした上で、「アジア太平洋を越えた全地球的規模での平時から緊急事態までの切れ目ない安全保障対応」を実施するとして、日米安保協力を範囲・機能の両面で拡大するという内容を盛り込んでいた。具体的には、米軍の艦艇を対象とする「装備品等の防護」や米軍及び多国籍軍に対する「後方支援」等が上がっていた [1] 。

　米国は、財政上の赤字から軍事費を削減するために、中国に対する抑止を含めて世界全体での安全保障活動の一部を日本が肩代わりすることを期待していた。他方の日本は、中国による尖閣諸島周辺への接近を牽制しようと米国との協力の強化を求めており、こうした両国による思惑の一致が、新ガイドラインの改定を目指す背景にあった [2] 。そして、この中間報告に基づいて日本側の行う協力等の措置について、横畠法制局長官は、「憲法上の制約及び国内法を根拠として行われる」 [3] と新ガイドラインの改定に問題がない旨を答弁した。その後、同年12月に行われた衆議院総選挙で自民・公明の連立与党が解散前を上回る議席を獲得して勝利し、安倍内閣の進める安全保障政策路線に国民は強い異議を唱えてはいなかった。結局、翌2015年４月、改定新ガイドラインは中間報告を踏まえた形で

成立した。その中では、「日米両国政府が在外邦人を退避させるための計画を作成したり退避を実行する際に協力する」と記されていた(4)。

続いて同年の5月、安倍内閣は改定新ガイドラインに実効性を付与するために新しい安全保障関連法案を作成し、国会に提出した。これに先立ち、同年4月に訪米した安倍首相はワシントンの連邦議会で演説し、同法案を「今年の夏までに成立させる」と、並々ならぬ熱意を述べていた(5)。

法案のうち、武力攻撃事態対処法の改正案は、従来から対象としていた武力攻撃事態及び武力攻撃予測事態(第5章を参照)に加え、「日本と密接な関係にある他国に対する武力攻撃が発生し、これにより日本の存立が脅かされ、国民の生命、自由及び幸福追求の権利が根底から覆される明白な危険がある(存立危機)事態」に際し、「日本の存立を全うし、国民を守るために他に適当な手段がなく、事態に対処するために武力の行使が必要であると認められる」場合に、「合理的に必要とされる限度において」武力の行使を認めると、集団的自衛権行使容認の閣議決定(2014年7月、第6章を参照)で示された「武力行使の新3要件」を反映させていた。また、重要影響事態法案は、周辺事態法を改正し、「そのまま放置すれば日本に対する直接の武力の行使に至るおそれがある等日本の平和及び安全に重要な影響を与える(重要影響)事態」に「日米安保条約の効果的な運用に寄与することを中核として対処する」米軍等を対象に「現に戦闘行為が行われていない場所で後方支援・捜索救難活動を行う」として、自衛隊による活動の拡大を図っていた。

さらに、国際平和支援法案は、「国際社会の平和及び安全に対する脅威を除去するために国際社会が国連憲章の目的に従い共同して対処する活動に日本が主体的かつ積極的に寄与する必要がある(国際平和共同対処)事態」に日本が「現に戦闘行為が行われていない場所で協力支援活動を行う」と規定していた。既に2014年9月以来、米国等は中近東で過激派組織「イスラム国」に対する空爆を開始しており、この法案は、こうした軍事

162

行動への日本による物資の補給等を随時可能とするものとなっていた。

この他、自衛隊法の改正案は「存立危機事態への自衛隊の出動」及び「自衛隊が在外邦人の救出・保護及び米軍等に属する武器等の警護等のために行う武器の使用」を、米軍等行動円滑化法案は米軍行動円滑化法を改めて「日米安保条約に従って日本の安全を守るために行動する米軍及びその他の国の軍隊に対する自衛隊による役務の提供」を、それぞれ規定していた。加えて、改正PKO法案は国連が直接関与しない平和維持活動への自衛隊の参加、住民を保護する目的での武器の使用及び遠方の他国軍・民間人への救援活動（駆けつけ警護）を盛り込んでいた(6)。

集団的自衛権の行使をめぐる答弁

この安全保障関連法案をめぐる国会の審議で、「フルスペック（他国への防衛を含んだ）な集団的自衛権が憲法違反なのに、（自国の防衛のみを目的とする）限定的な集団的自衛権が合憲であるとの根拠は何か」と問われた横畠は、「（集団的自衛権全体を）フグだとすれば、毒を抜かずに全部食べる（行使する）と害（違憲）になるが、肝（集団的自衛権のうち他国への防衛を）取り除けば食べることができる（合憲）ような場合もある」(7)と例えを用いたり、「従来は、『国民の権利が根底から覆される』という急迫不正の侵害が『日本に対する武力攻撃が発生した場合』に限られるという事実認識があったと思われるが、その事実認識が変われば、『武力行使の新3要件』を満たす場合に限って集団的自衛権を行使することも認められ得る」(8)と、従来からの解釈方針を用いて答弁した。しかし、これに対して、法制局長官の経験者からは、「法律論は政策論と違い、例え話では正確性を欠くことが多く誤解される恐れもあり、好ましくない」との声が上がっていた(9)。

また、「米国の艦船が武力攻撃を受けた際に日本が発動し得る自衛権の範囲」について、横畠は、「米艦への攻撃が『日本に対する武力攻撃の着

法制局と安全保障関連法の成立 163

手』と認定されるなら（日本には）個別的自衛権の発動が許される」とした上で、「『日本に対する武力攻撃の着手』が認められない場合には、（武力行使の）新3要件に該当するか否かを判断した上で、それに該当する場合には集団的自衛権の発動が許される」(10)、「米軍のイージス艦が僚艦によって十分防護されている場合には、日本にとって『武力行使の新3要件』中の『武力攻撃を排除するための適当な手段が他にない』とは言えず、日本が武力を行使する必要性がない場合もあり得る」(11) と述べた。ここには、集団的自衛権の行使に慎重な姿勢を示す半面、「個別的・集団的自衛権の区別を問わず米艦の防衛が可能である」として、米軍との協力を密なものとするような配慮が示されていた。

　さらに、「日本に対する経済上の影響のみで存立危機事態を認定したり、米国がサイバー攻撃を受けた際に存立危機事態であるとして自衛隊を出動させることがあり得るか」との質問に、横畠は、「ホルムズ海峡が機雷によって封鎖された場合には、日本に対する経済上の影響にとどまらず生活物資・電力の不足が生じて日本国民の生活に死活的・重大な影響を及ぼす可能性もあり、これらの点を全て評価した上で、状況によっては存立危機事態に該当する場合もあると考えられる」、「サイバー攻撃と存立危機事態との関係については一概に申し上げるのが難しく、個別の状況に照らして判断すべきである」(12) と、具体的な答えには及ばなかった。

　安全保障関連法案の審議中、外務・防衛両省は野党側に、「米国がサイバー攻撃を受けた事態が『武力行使の新3要件』を満たせば、日本が集団的自衛権に基づいて武力を行使し得る」との見解を示していた(13)。また、横畠は前年秋の国会で、「単に日米同盟が揺らぐ恐れがあるのみで、それが日本国民に生命の危機が発生するような状況でなければ『武力行使の新3要件』に直ちに該当するとは考えられない」(14) と慎重に発言しており、彼の答弁は政府の方針に資する方向へと踏み込んでいた。他方で、サウジアラビア等中近東の主要な石油産出国は、ホルムズ海峡を経ずにペ

164

ルシャ湾から紅海に繋がる石油のパイプラインを整備し、湾岸での武力紛争の勃発に備えていた (15)。

他国軍への協力をめぐる答弁

また、安全保障関連法案では、旧テロ特措法等と異なり、「戦闘に向かう準備中の軍用機にも自衛隊が給油し得る」旨を規定していた。これについて横畠は、「旧テロ特措法等で発進準備中の戦闘機への給油を行わなかったのは、実際に（給油の）ニーズがなかったからであり、武力の行使と一体化するゆえに（後方支援活動から）除外したのではなく、今回（の安全保障関連法案）は給油へのニーズが生じているので、武力の行使と一体化しないような基準を設けた」 (16)、「発進準備中の航空機への給油等は、当該航空機によって行われる戦闘行為と時間上近いものであるとはいえ、実際に戦闘行為を行う場所とは一線を画する場所で行われ、また自衛隊は他国の軍隊からの指揮・命令を受けるのでなく日本の法令に従い自らの判断で活動するゆえ、武力の行使とは一体化していない」 (17) と答弁した。

こうした発言は、米軍への便宜供与を図る意味合いを持っていた。しかし既に、市民団体が航空自衛隊のイラク復興支援活動の差し止めを求めた裁判で、名古屋高等裁判所は2008年の4月、「行政権の行使に私人が民事上の給付請求権を有しない」として訴えを退けたものの、「航空自衛隊が多国籍軍の兵員を『戦闘地域』であるバクダッドに空輸するのは『他国による武力の行使』と一体化しており、『非戦闘地域』に活動を限定したイラク特措法及び憲法第9条に違反する」と指摘していた。国側は本件である差し止め請求が認められずに実質上勝訴したために上告することがかなわず、この高裁判決が確定することとなった (18)。「非戦闘地域」という概念が現実に妥当するかについて、司法の側から疑義が示されていたのである。

法制局と安全保障関連法の成立 165

結局、安全保障関連法案は、2015年9月19日、国会で可決されて成立した。成立に際して、米国務省・国防総省は、「日本が（日米両国の）同盟を強化した上で地域・国際社会での安全保障活動において一層積極的な役割を果たそうと努力し続けているのを歓迎する」との声明を発表した[19]。しかし、各法に規定した「存立危機事態」、「重要影響事態」、「国際平和共同対処事態」を区別して判断する基準は、審議の過程で明確にされなかった。また、各事態への自衛隊の出動に対する国会の承認も、「存立危機事態」と「重要影響事態」は「原則として事前承認で緊急時には事後承認」と、「国際平和共同対処事態」では「例外なく事前承認」と、それぞれ定められたものの、三事態の区別基準が曖昧なために、適用される法律が政府の裁量で決まる可能性を残していた。さらに、改正PKO法に関連して、「自衛隊によるPKO活動の中立性維持と武器使用との関連」を問われた横畠は、「日本は、あくまでもPKO法及び（PKO）5原則に基づいて自衛隊を派遣しており、（自衛隊による）武器使用も同5原則の下で検討した」[20]と答弁するに留まり、改正に疑を挟まなかった。

　こうした法律の制定に先立ち、安倍内閣は2014年4月、「武器輸出三原則」に代えて「防衛装備移転三原則」を閣議で決定した。これは、「武器の輸出について、国際条約・国連安保理決議の違反国及び紛争の当事国には禁止するが、国際協力・平和貢献及び日本の安全保障に役立つと判断した場合には認め、目的外の使用及び第三国への移転を行わないと輸出相手国から事前の同意を取り付ける」として、米国やNATO諸国との武器の共同開発・生産への参加を容易にするものとなっていた[21]。また、安全保障関連法案の審議が続く最中の2015年6月には、改正防衛省設置法が成立し、内局の官僚（文官）が自衛官より優位な立場を採る方式（文官統制、第3章を参照）を改めて、文官と自衛官が対等な立場から防衛大臣を補佐する形を導入した。この変更には、野党から「米軍との共同軍事作戦を直

166

接担う自衛隊の意向をより迅速かつ直接的に反映させ得る仕組みを作り、米国の（行う）戦争に日本が支援・参加するためのもので認められない」⑵ との批判が上がっていた。

　これに対して、横畠長官は、「防衛装備移転三原則」について、「武器輸出三原則と同様に、武器の輸出による国際紛争の助長を回避し、外国貿易及び国民経済の健全な発達を図るという目的のもので、それ自体が憲法上の問題ではない」⑶、改正防衛省設置法に関しては、「防衛省の所掌事務が法令に従い、かつ適切に遂行されるよう、一般的に規定しようとするものと考えられる」⑷ と、いずれに対しても否定するような見解を示さなかった。法制官僚は、安全保障関連法の成立をめぐって、従来と変わらず、日米両国政府の意向に配慮する姿勢で答弁し続けていたのであった。

［注］
(1)　(2)　『朝日新聞』2014年10月9日。
⑶　『第187回国会参議院外交防衛委員会会議録第3号』2014年10月21日、9頁。
(4)　改定新ガイドラインの全文は、同上、2015年4月28日。
⑸　『朝日新聞』2015年4月30日。
(6)　安全保障関連法案の主な内容は、同上、2015年5月12日。
(7)　『第189回国会衆議院我が国及び国際社会の平和安全法制に関する特別委員会議録第12号』2015年6月19日、9頁。
(8)　『第189回国会衆議院我が国及び国際社会の平和安全法制に関する特別委員会議録第14号』2015年6月26日、16頁。
(9)　『朝日新聞』2015年6月20日。
(10)　『第189回国会衆議院我が国及び国際社会の平和安全法制に関する特別委員会議録第15号』2015年6月29日、9頁。
(11)　『第189回国会参議院我が国及び国際社会の平和安全法制に関する特別委員会議録第13号』2015年8月26日、13頁。
(12)　『第189回国会参議院我が国及び国際社会の平和安全法制に関する特別委員会議録第4号』2015年7月29日、37頁。
(13)　『朝日新聞』2015年6月11日。
(14)　『第187回国会参議院外交防衛委員会会議録第2号』2014年10月16日、18頁。
(15)　『朝日新聞』2015年6月21日。

(16) 『第189回国会衆議院我が国及び国際社会の平和安全法制に関する特別委員会議録第8号』2015年6月10日、4頁。

(17) 『第189回国会参議院我が国及び国際社会の平和安全法制に関する特別委員会会議録第7号』2015年8月4日、10頁。

(18) 名古屋高裁判決2008年4月17日付。この判決について、阪田雅裕（前出、元法制局長官、イラク特措法成立時の法制次長）は、「戦闘地域か否かが問われるのは、バクダッド市内の全域ではなく、空自の活動する『バグダッド空港及びそこに至る空路』に限られており、解釈の前提が間違っている」と批判していた。『朝日新聞』2008年4月18日。

(19) 同上、2015年9月20日。

(20) 『第189回国会参議院我が国及び国際社会の平和安全法制に関する特別委員会会議録第20号』2015年9月14日、26頁。

(21) 同上、2014年4月1日、4月2日。

(22) 井上哲士・参議院議員（日本共産党）の発言。『第189回国会参議院本会議録第25号』2015年6月10日、7頁。

(23) 『第189回国会参議院外交防衛委員会会議録第20号』2015年6月9日、7頁。

(24) 同上、5頁。

あとがき

　この本を構成する各章は、筆者が既に発表した下記の論稿に加筆・修正した上で追補を書き下したものである。

　第1章＝「旧安保条約・再軍備政策と法制官僚—日米安保協力をめぐる政府解釈の検証—」『千葉商大紀要第51巻第1号』2013年。

　第2章＝「改定安保条約・自主防衛政策と法制官僚—続・日米安保協力をめぐる政府解釈の検証—」『千葉商大紀要第51巻第2号』2014年。

　第3章＝「ベトナム戦争・沖縄返還問題と法制官僚—日米安保協力をめぐる政府解釈の検証（3）—」『千葉商大紀要第52巻第1号』2014年。

　第4章＝「対米便宜供与・集団的自衛権論と法制官僚—日米安保協力をめぐる政府解釈の検証（4）—」『千葉商大紀要第52巻第2号』2015年。

　第5章＝「有事対応・国際平和支援活動と法制官僚—日米安保協力をめぐる政府解釈の検証（5）—」『千葉商大紀要第53巻第1号』2015年。

　第6章＝「戦後日本の安全保障政策と法制官僚—日米安保協力をめぐる政府解釈の検証（6）—」『千葉商大紀要第53巻第2号』2016年。

　拙稿の掲載に際しては、千葉商科大学の諸先生から格別のご配慮をいただいた。

　相澤淳、飯倉章、池田慎太郎、岩田修一郎、植村秀樹、小川和久、大島美穂、鍛冶俊樹、我部政明、上村直樹、君塚直隆、楠綾子、斎藤元秀、坂上宏、坂元一哉、佐々木寛、佐道明弘、佐野方郁、芝山太・栗栖薫子ご夫妻、庄司真理子、鈴木滋、瀬川高央、高光佳絵、竹村卓、田村重信、寺地

あとがき　169

功次、富井幸雄、中静敬一郎、中島信吾、中西寛、中本義彦、則武輝幸、樋口恒晴、廣部泉、福田健一、二見宣、古川浩司、松岡完、松田康博、松村昌廣、松本佐保、眞邊正行、真山全、三上貴教、宮坂直史、山田康博、若林保男、渡辺茂己の諸先輩・諸氏からは、学会・研究会等の交流を通じて貴重なご示唆をいただいた。上記の皆様による研究成果は、この本を書き進める上で大きな原動力となった。

　浅野亮、石河正夫、菅英輝、五月女光弘、滝田賢治、原彬久、山本武彦、吉村道男の諸先生からは、拙著・拙稿への温かい励ましを賜った。分けても、原先生が日米安保条約・日本政治外交史の研究で積み重ねられた数多くのご業績は、筆者が執筆中に直面した幾多の壁を乗り越える際、格別に大きな力となった。

　既に鬼籍に入られた高橋正先生について特記させていただくことをお許し願いたい。今から20年ほど前、筆者が共通の知人を介して先生の知遇を得た後、先生は拙著・拙稿に度々ご感想や励ましを寄せて下さった。さらには、先生が勤務される千葉商科大学の教壇にお誘いいただくというご高配を賜った。また、音楽会等の会合にもお招き下さり、楽しい一時を過ごす幸せにも恵まれた。先生の幅広いご趣味と豊かなご見識は、いつも筆者にとって大きな啓発となった。この本をご笑覧いただけなかったのは痛恨の極みだが、これまでのご厚意に報いたく、今後も研究に一層励みたい。

　拙稿を千葉商科大学の紀要に発表するに際しては、ヨシダ印刷並びに銀座タイプ印刷社の皆様に労をとっていただいた。また、並木書房の皆様には、過去の三作に続いて出版のお世話になった。

　その他、数えきれないほどの方々からのお力添えによって、この本は成り立っている。皆様に心からの感謝を申し上げる。

　2016年12月

水　野　　均

水野均（みずの・ひとし）
1959年、北海道生まれ。
1984年、北海道大学法学部卒業。
1989年、上智大学大学院修了。
専攻：安全保障政策、日本政治外交史
現在、千葉商科大学講師として教壇に立つ他、各種の
研究会で日本の外交・安全保障政策に関する立案・提
言に参加する。
＜著書＞
『海外非派兵の論理―日本人の独善的平和観を問う』
（新評論、1997年）
『検証 日本社会党はなぜ敗北したか―五五年体制下の
安全保障論争を問う』（並木書房、2000年）
『朝日新聞は日米安保条約に反対していたのか？―戦
後マスコミの防衛論を検証する』（同上、2006年）
『「世界」は日米同盟に反対していたのか？―総合雑
誌の安全保障論を検証する』（同上、2012年）他、論
文等多数。

内閣法制局は「憲法の番人」か？
―日米安保解釈を検証する―

2017年1月20日　印刷
2017年1月30日　発行

著　者　水野　均
発行者　奈須田若仁
発行所　並木書房
〒104-0061東京都中央区銀座1-4-6
電話(03)3561-7062　fax(03)3561-7097
http://www.namiki-shobo.co.jp
印刷製本　モリモト印刷
ISBN978-4-89063-358-6

―水野均の本―

検証 日本社会党はなぜ敗北したか
―五五年体制下の安全保障論争を問う

「自衛隊反対」「非武装中立」など、自ら掲げた理想を放棄した日本社会党。戦後半世紀に及ぶ日本の安全保障政策をめぐる自民党と社会党の論争の足跡をたどりながら、社会党が安全保障政策について訴え続けた「理想」の意味を検証。安全保障政策に関して確たる提案を持ち得なかった社会党の実態を考察した画期的な研究。 1800円＋税

朝日新聞は日米安保条約に反対していたか
―戦後マスコミの防衛論を検証する

『朝日新聞』の社説・論説を検討していくと、同紙は戦後一貫して「日米安保条約」の仕組みを容認し、その維持を日本政府および世論に訴えつづけてきたことがわかる。中ソ両国が日米安保を批判すれば「あくまで日本を守るための手段」であると反論。隠れ体制派ともいえる『朝日新聞』が日本の防衛政策に与えた影響を考察。 1800円＋税

「世界」は日米同盟に反対していたのか？
―総合雑誌の安全保障論を検証する

総合月刊誌『世界』は、創刊以来「反戦・反対米従属」という立場から、日米同盟に批判的な姿勢を崩していない。同誌に集う論者たちは「非戦による平和」に固執するあまり、日米同盟に代わって日本を軍事的脅威から守るための具体案を示し得ず、その論稿からは「米国の軍事力に日本の安全を頼る」という主張が見え隠れする。 1700円＋税